COURS

D'ART ET D'HISTOIRE

MILITAIRES,

Par J. VIAL,

CAPITAINE D'ÉTAT-MAJOR,

Professeur d'Art et d'Histoire militaires à l'École impériale d'application d'état-major.

PREMIÈRE PARTIE.

LIVRE II.

PARIS,

LIBRAIRIE MILITAIRE.

J. DUMAINE, LIBRAIRE-ÉDITEUR DE L'EMPEREUR,

RUE ET PASSAGE DAUPHINE, 30.

—

1861

LIVRE II.

ÉTUDE PARTICULIÈRE DES DIFFÉRENTES ARMES ET ORGANISATION
DES ARMÉES ACTIVES.

NEUVIÈME LEÇON.

Objet du deuxième livre de la première partie du Cours.

De l'infanterie. —Considérations générales. — De son organisation. —
De ses propriétés tactiques.

Des formations de l'infanterie. — Formation déployée. — Avantages
et inconvénients. — Ses modifications. — Ordre en échelons et
ordre en échiquier.

I

Objet du livre II. — Nous avons vu dans le livre 1ᵉʳ, ou
dans la première partie du cours de première année,
les divers éléments qui forment par leur ensemble le
système militaire d'un État. Quand un gouvernement
veut faire la guerre, c'est dans ces éléments qu'il
puise pour former ses armées actives, qui ne sont
ainsi que des fractions de l'armée permanente.

Nous allons, dans le livre II, nous occuper de l'organisation des armées actives et en suivre les diverses
phases, depuis les premiers principes jusqu'au moment de la réunion de ces armées sur une frontière,
c'est-à-dire, jusqu'au moment de leur entrée en
campagne.

Les armées actives se composent d'abord des corps, que j'ai appelés corps de ligne, infanterie, cavalerie et artillerie.

Nous nous occuperons avant tout de ces 3 corps ou de ces 3 *armes*, et nous étudierons leur organisation particulière, leurs propriétés tactiques, leurs formations et leurs manœuvres.

Nous examinerons ensuite quels résultats on peut obtenir en combinant les différentes armes entre elles : d'abord deux à deux, ensuite toutes trois ensemble. Nous verrons comment cette dernière combinaison, celle des 3 armes, établie dans de justes proportions, présente l'instrument de guerre le plus complet et le plus perfectionné, et forme la base de l'organisation des armées actives.

J'ajouterai quelques mots sur les états-majors, corps hors ligne, et divers services qui entrent dans l'organisation d'une de ces armées.

Puis j'indiquerai comment on assure les besoins matériels de cette armée, au moyen des approvisionnements et des transports.

Enfin, je l'établirai en cantonnements sur la frontière, consacrant la dernière leçon du livre II à l'étude des cantonnements.

Nous aurons ainsi suivi l'organisation d'une armée active, depuis le principe de sa création jusqu'au moment de son entrée en campagne.

Nous la quitterons là, pour la reprendre au même point, l'année prochaine, dans la seconde partie du cours.

II.

De l'infanterie. — Considérations générales. — Je commence l'étude des différentes armes qui entrent dans l'organisation d'une armée active, par l'infanterie, parce que c'est la première et la plus importante de toutes les armes.

J'ai déjà dit que l'infanterie était la réunion des combattants à pied.

C'est l'infanterie qui fait la force des armées.

C'est par elle que les nations conquérantes ont vaincu. C'est après la ruine de leur infanterie que ces mêmes nations ont été subjuguées.

La phalange macédonienne renversa l'empire des Perses.

La légion romaine conquit le monde presque entier.

L'infanterie suisse vit se briser devant elle la puissance de Charles le Téméraire, et fit pendant plusieurs siècles la principale force des armées européennes.

L'infanterie espagnole remporta les victoires de Charles-Quint et de Philippe II; elle fit la grandeur de l'Espagne.

Enfin, l'infanterie française, formée dans les premières guerres de la Révolution, et solidement disciplinée et instruite dans les camps de la Manche, fut le principal élément de la puissance de l'Empire. C'est à elle surtout que l'on doit le succès des immortelles campagnes de 1805, 1806 et 1807.

L'infanterie occupe donc le premier rang dans les armées modernes.

Elle le doit aux avantages suivants :

Son recrutement est à peu près inépuisable.

Son instruction est plus facile et plus prompte que celle de la cavalerie ou de l'artillerie.

Elle se nourrit facilement, et le peu qu'il lui faut n'est ni pesant ni volumineux. Un fantassin peut porter avec lui jusqu'à huit jours de vivres, ce qui, avec ses armes et ses 60 cartouches, forme un poids de 60 livres environ.

Elle se ploie facilement à toutes les formations régulières.

Elle se suffit à elle-même, et réunit, d'une manière plus complète que les autres armes, les propriétés de l'offensive et de la défensive.

Elle se garde seule ; si elle ne voit pas au loin, elle peut occuper et défendre des postes éloignés qui la mettent à l'abri d'une surprise.

L'armement et l'équipement du soldat d'infanterie sont simples et économiques.

Son habillement est également peu coûteux. Les principes, du moins, en sont très-simples. Ils ont été posés par le maréchal de Saxe, qui voulait :

Un vêtement couvrant le ventre, analogue à la tunique.

Une coiffure légère.

Des cheveux coupés court et faciles à tenir propres.

Des souliers à talons bas, chaussés à nu, bien graissés, avec des guêtres de cuir.

Des galoches en bois pour l'hiver, les temps humides et les factions. On avait agi dans ce sens au camp de Boulogne, en adoptant les sabots.

Enfin, il voulait un manteau à capuchon, comme celui des zouaves et des chasseurs à pied.

En résumé, le maréchal de Saxe demandait une

tenue simple, commode et peu coûteuse ; ce qui est encore un des avantages de l'infanterie.

J'ajouterai que cette arme supporte mieux la fatigue que toutes les autres. Son moral la soutient.

Elle marche sur tous les terrains, et les parties accidentées, défavorables à la cavalerie et à l'artillerie, augmentent sa force.

Une infanterie habituée à la marche fera douze ou quinze lieues par jour, pendant plusieurs jours. Elle pourrait donc, dans une marche de quelque durée, fatiguer beaucoup une troupe de cavalerie dont elle presserait la retraite, et lui prendre une partie de ses chevaux, ceux-ci ayant besoin, pour repaître et se reposer, de bien plus de temps qu'il n'en faut aux hommes.

On en a vu, dans la campagne de 1805, un exemple mémorable, dit Jacquinot de Presle.

La cavalerie autrichienne, qui s'échappa d'Ulm pour gagner la Bohème, fut poursuivie par les grenadiers d'Oudinot ; ceux-ci firent jusqu'à quatorze lieues par jour. Ils ne permirent à la cavalerie ennemie de prendre aucun repos, et ils facilitèrent ainsi à la nôtre les moyens d'en faire tomber une grande partie en son pouvoir.

Telles sont les considérations générales par suite desquelles l'infanterie est regardée comme l'arme principale.

Arme de tous les temps et de tous les lieux, c'est elle qui fait la force et la base des armées.

Dans les batailles, l'artillerie prépare les succès.

La cavalerie les complète.

Mais c'est l'infanterie qui les décide.

Organisation de l'infanterie. — Examinons les détails de son organisation :

Il y a d'abord deux espèces d'infanterie.

Nous l'avons vu chez les anciens, au moyen âge et à toutes les époques de l'histoire militaire.

L'une qui forme les lignes de l'ordre de bataille.

L'autre qui est plus spécialement destinée aux opérations de la petite guerre, avant-gardes, détachements, etc., et aux combats en tirailleurs.

La première est l'infanterie de ligne.

La seconde est l'infanterie légère, représentée aujourd'hui par nos chasseurs à pied et nos voltigeurs.

L'infanterie légère est environ le tiers ou le cinquième de toute l'infanterie d'une armée.

Dans une division d'infanterie française, par exemple, de 8 bataillons d'infanterie et d'un bataillon de chasseurs à pied, forte d'environ 8,000 hommes, l'infanterie légère est formée :

1° Du bataillon de chasseurs, 800 hommes ;
2° De 8 compagnies de voltigeurs, 800 hommes ;
Total, 1600 hommes environ, formant le 1/5 de 8,000.

La proportion est généralement plus forte chez les puissances du Nord, parce que leurs fantassins sont moins propres que les nôtres aux opérations de la petite guerre.

L'on divise donc ainsi l'infanterie en deux parties : l'infanterie de ligne et l'infanterie légère.

Dans l'une comme dans l'autre, la première unité de l'organisation tactique, c'est-à-dire de l'organisation d'instruction et de manœuvres, cette première unité, dis-je, est l'escouade, représentant une petite agrégation facile à commander et à instruire.

Puis, comme nous l'avons vu, viennent la demi-section, la section et le peloton.

Le peloton est la première unité tactique d'une certaine importance. Il sert de base aux manœuvres du bataillon. Il peut être employé seul à la guerre ; par exemple, en tirailleurs. Il se rompt en colonne, il peut former le carré. Sa force varie suivant les puissances ; généralement elle est de 100 à 150 hommes.

La réunion de 4, 6 ou 8 pelotons, forme le bataillon, unité tactique plus complète encore et d'une plus grande importance.

Le bataillon peut former à lui seul un ordre de bataille avec ses voltigeurs en tirailleurs devant son front, ses 6 pelotons du centre formant la ligne de bataille et ses grenadiers en réserve.

La force du bataillon est déterminée par cette considération qu'il doit obéir à la voix d'un seul homme. Il faut qu'il soit mobile, dit le maréchal Marmont, et que, déployé, il puisse entendre des deux extrémités la voix qui commande. La portée moyenne de la voix détermine donc son étendue et par suite sa force, qui varie de 600 à 1000 hommes.

L'unité supérieure est le régiment, qui comprend 2, 3 ou 4 bataillons. Cette unité obéit à un seul chef, le colonel. Et si les limites de force du bataillon sont indiquées par la puissance matérielle de la voix, celles du régiment sont indiquées par la puissance morale du commandement dans un seul homme.

Les régiments composés de beaucoup de bataillons sont moins chers à nombre d'hommes égal. Il y a économie des états-majors.

De plus, ces régiments ont en général un esprit de corps plus énergique et plus d'éclat dans l'opinion.

Cependant il ne faut pas dépasser une certaine limite au delà de laquelle les régiments seraient trop difficiles à administrer et à faire mouvoir.

Puis vient la brigade, composée de 2 ou 3 régiments et par suite de 4 ou 6 bataillons.

Enfin, l'unité tactique principale de l'infanterie est la division, commandée par un général de division, ayant un état-major divisionnaire, une ou deux batteries d'artillerie, une compagnie du génie, un sous-intendant chargé de son administration, un détachement du train des équipages, une section d'ambulance, enfin ayant tous ses services organisés et pouvant se suffire à elle-même dans toutes les circonstances de la guerre.

La division est donc l'unité tactique principale de l'infanterie. C'est la véritable unité de combat. C'est par divisions que l'on marche, que l'on manœuvre et que l'on s'engage sur les champs de bataille.

Au-dessus de la division, on trouve encore le corps d'armée, comprenant deux, trois ou quatre divisions d'infanterie, avec une brigade ou une division de cavalerie légère.

C'est par corps d'armée que l'on exécute les mouvements stratégiques, que l'on marche et que l'on manœuvre sur les théâtres d'opérations.

Telles sont les différentes unités que présente l'organisation tactique de l'infanterie.

Propriétés tactiques de l'infanterie. — Étudions maintenant ses propriétés tactiques.

Le fantassin a deux espèces de propriétés, le feu et le choc. J'entends par choc l'attaque à la baïonnette. Ces propriétés sont les conséquences de la nature de son arme, qui est à la fois arme de jet et arme de main.

Cette arme était, il y a quelque temps, le fusil à percussion, lançant des balles de 18 à la livre, d'un tir assez exact jusqu'à 200 mètres ; d'une force de pénétration assez considérable, puisque ses projectiles pouvaient tuer dans la limite de 600 mètres, blesser plus ou moins dangereusement de 600 à 1200.

Le fantassin tire deux ou trois coups par minute ; par conséquent, contre un autre fantassin qui commence son attaque à 400 mètres, il peut tirer huit à douze coups de fusil.

Contre un cavalier il peut en tirer quatre ou deux, suivant l'allure.

En ce moment, les fusils de l'infanterie se transforment. Au lieu d'une portée de 250 à 300 mètres, ils auront une portée de 800 à 1000 mètres.

Cette longue portée, à peu près inutile pour les combats en ligne, où l'on ne peut ni viser ni régler ses coups, devient extrêmement dangereuse à l'ennemi dans les combats de tirailleurs. Elle donne à l'homme isolé une bien plus grande valeur, et elle augmente considérablement encore l'importance de l'infanterie.

Quoi qu'il en soit, la première propriété du fantassin est donc le feu.

Sa seconde propriété est le choc, c'est-à-dire qu'il possède dans sa baïonnette une arme blanche qui lui permet le combat corps à corps.

L'escrime à la baïonnette lui apprend aujourd'hui à porter et à parer des coups, soit contre l'infanterie, soit contre la cavalerie. Elle lui apprend à se défendre et à attaquer.

Voilà les propriétés tactiques du soldat d'infanterie considéré isolément.

Si, maintenant, nous considérons les propriétés tactiques des diverses unités que j'ai indiquées, des pelotons, des bataillons, des divisions, nous trouvons les mêmes que précédemment : le *feu* et le *choc* avec des effets proportionnés au nombre des hommes mis en action.

Les feux de l'infanterie se divisent en deux classes principales :

    1° Les feux à commandement;
    2° Les feux à volonté.

Les feux à commandement ou simultanés sont :

Les feux de peloton, de demi-bataillon, de bataillon, de rang et de chaussée.

Ils ont l'inconvénient de déterminer le moment du feu à l'instant où il se peut que nul homme ne vise. Le soldat pense à la simultanéité du feu et ne pense pas à sa justesse.

Ils sont basés sur le principe que la moitié des armes doit toujours être chargée. On règle les feux en conséquence dans les pelotons, demi-bataillons et bataillons.

Le feu de rang a été pratiqué au camp de Boulogne en 1803 et 1804. On s'en promettait un bon résultat contre la cavalerie. Il consistait à faire tirer les rangs successivement et par salves. Il fut abandonné comme ne produisant pas l'effet qu'on en attendait.

Il vient d'être rétabli dans l'ordonnance de 1860 (art. 4 de la 2ᵉ leçon de l'école de peloton). La formation sur deux rangs en rendra l'exécution plus facile.

Dans le siècle dernier, d'après Lloyd, les feux de rang s'exécutaient de la manière suivante :

Le 3ᵉ rang tirait le premier et reculait de 3 pas.

Le 2ᵉ rang tirait à son tour et reculait d'un pas.

Le 1ᵉʳ rang tirait ensuite sans bouger. Puis les rangs se serraient et le feu recommençait.

Le feu de chaussée s'exécute par des troupes en colonne dans un défilé.

La première subdivision tire et démasque la seconde en s'écoulant par les 2 ailes. Celle-ci exécute la même manœuvre et successivement toutes les autres subdivisions jusqu'à la queue de la colonne. C'est une manière de battre en retraite en exécutant des feux.

Les feux à volonté sont :

Les feux de 2 rangs et les feux de tirailleurs.

Le feu de 2 rangs est le véritable feu de bataille. Il commence par la droite ou par la gauche du peloton et se prolonge de proche en proche, de manière à produire un effet continu. Quand la troupe est sur trois rangs, le troisième rang charge les armes du deuxième ; mais il est rare que le feu s'exécute de cette manière. Le troisième rang, échauffé par l'action, tire aussi et souvent blesse les hommes du premier.

Le feu de tirailleurs est le meilleur feu de l'infanterie. L'homme, libre de ses mouvements, s'embusque, appuie son arme, choisit sa belle et peut viser à son aise. Ce feu se règle généralement de manière que sur deux tirailleurs il y en ait toujours un qui ait son arme chargée.

Le maréchal Bugeaud avait introduit en Afrique le tir à 2 balles, chaque homme ayant dans sa cartouchière un certain nombre de balles libres.

Quel que soit le feu qu'on emploie, il faut proscrire

d'une manière absolue les feux multipliés et à grande distance, ce que le maréchal de Saxe appelle la tirerie. On brûle beaucoup de poudre, on produit peu d'effet.

Le maréchal de Saint-Arnaud dit que : « tirer de « loin et beaucoup, constitue le symptôme auquel on « reconnaît les mauvaises troupes.

« Il faut, dit-il, réserver son feu tant que le mo« ment n'est pas venu ; on tient les troupes hors de « portée ; ou on les dérobe dans les plis du terrain. « Les chefs de bataillon, avec les adjudants-majors « et les adjudants, se promènent devant la troupe en « observant les mouvements de la ligne opposée... »

La seconde propriété de l'infanterie est celle du choc, ou l'attaque à la baïonnette.

Les bataillons, déployés ou formés en colonne d'attaque, croisent la baïonnette et s'élancent sur l'ennemi. Sous l'Empire, l'effet moral a suffi presque toujours. La troupe attaquée tournait le dos avant le choc, ou faisait un feu tellement nourri que l'assaillant ne pouvait arriver jusqu'à elle.

« Nous faisons appel, disait le général Napier, aux « officiers qui ont assisté à de grandes batailles, et « nous leur demanderons s'ils ont vu en Égypte, en « Espagne, à Waterloo même, une seule véritable « attaque à la baïonnette ; si, en rase campagne, sur « la brèche, dans la plaine, dans la montagne, ils ont « jamais vu un combat d'homme à homme à la baïon« nette. »

Si ce combat était rare du temps de l'Empire, il s'est présenté fréquemment, au contraire, dans la guerre d'Orient. A Inkermann, sur la Tchernaia, c'est la baïonnette qui a décidé du succès. En était-il ainsi à cause du peu d'étendue du champ de bataille? Était-ce acharnement? Dans tous les cas, le choc a eu lieu réellement et fréquemment pendant le siége de Sébastopol. L'on peut dire la même chose de la guerre d'Italie.

Le choc est la seconde manière d'agir de l'infanterie. Employée à propos, elle est aussi efficace que le feu et beaucoup plus meurtrière.

Voilà quelles sont les propriétés tactiques de l'infanterie.

Elle acquiert ces propriétés au moyen de l'instruction militaire.

Avant tout, le fantassin doit être leste, adroit, d'une santé forte et d'une constitution robuste.

Le recrutement le choisit autant que possible dans ces conditions.

Il arrive sous les drapeaux.

On lui apprend alors à marcher en cadence et au pas militaire, c'est-à-dire, d'un pas moyen que tous les hommes puissent prendre aisément. On lui apprend ensuite à manier ses armes régulièrement et facilement. Voilà l'école du soldat.

En même temps, on développe les forces physiques de l'homme au moyen des exercices gymnastiques, de l'escrime, de la danse, etc..... On lui apprend à tirer à la cible.

Puis l'on passe à l'instruction des pelotons et des bataillons; on apprend à ces diverses unités à se mouvoir régulièrement, avec ensemble, et à se servir de leurs armes. Ensuite viennent les évolutions de ligne. Le général Renard, dans son ouvrage sur l'infanterie, voudrait ici une école de brigade et une école de division, comme il y a des écoles de peloton et de bataillon. Suivant lui, les évolutions de ligne sont un ouvrage déjà ancien, dont les principes sont plus en rapport avec la tactique du temps de Frédéric qu'avec la nôtre.

Enfin, l'instruction militaire comporte encore les évolutions des 3 armes réunies, ce que l'on appelle la grande tactique. Nous en verrons les principes dans le cours de deuxième année.

III.

Des formations de l'infanterie. — On appelle *formation* la figure que dessinent sur le terrain les éléments d'une troupe disposés pour combattre.

Les formations sont régulières quand la figure est régulière.

Elles sont irrégulières dans le cas contraire.

L'infanterie a 4 formations régulières :

1° La formation déployée ;
2° La formation en colonne ;
3° La formation mixte ;
4° L'ordre en carré.

Elle n'a qu'une formation irrégulière, qui est la formation en tirailleurs.

Quand on a voulu ranger les hommes pour combattre, on les a d'abord placés à côté les uns des autres et sur le même alignement, et l'on a ainsi formé ce que l'on appelle un rang. Telle est la première idée d'une formation militaire.

Puis on a placé plusieurs rangs les uns derrière les autres, afin de donner de la profondeur et de la consistance à l'ordonnance.

Cette profondeur a varié avec la nature des armes.

L'infanterie grecque était sur 16 rangs de profondeur.

L'infanterie romaine sur 12.

L'invention des armes à feu a fait diminuer successivement cette profondeur. Elle était encore de 10 rangs au commencement du XVIIe siècle, puis de 6 rangs au commencement du règne de Louis XIV, de 4 rangs à la fin du même règne, et enfin de 3 rangs sous Frédéric.

C'est sur 3 rangs qu'on a fait toutes les guerres de la Révolution et celles de l'Empire jusqu'en 1813.

Avant Leipzig, en 1813, Napoléon, voyant l'affaiblissement de l'armée, ordonna d'adopter la formation sur 2 rangs.

« L'ennemi, dit-il, habitué à nous voir sur 3 rangs,
« sera trompé et nous croira plus nombreux que nous
« ne sommes réellement. »

Il ajoute :

« Le feu du troisième rang est reconnu très-impar-
« fait et même nuisible à celui des deux premiers.
« L'infanterie ne doit se ranger que sur 2 rangs, parce
« que le fusil ne peut tirer que sur cet ordre..... »

Le maréchal Marmont dit sur le même sujet :

« Rien ne justifie le troisième rang. Le feu de 2
« rangs avec 3 rangs est praticable à l'exercice, mais
« non pas à la guerre. »

Cette opinion est encore celle du maréchal G. Saint-Cyr, des généraux Pelet, Lamarque, Fririon, Chambray, Loverdo, etc.....

Dernièrement, l'armée française était encore sur 3 rangs. On débutait dans cet ordre au commencement d'une campagne. On se mettait sur 2 au fur et à mesure de l'affaiblissement des effectifs. Aujourd'hui, depuis deux ans, la formation sur 2 rangs est la formation normale.

Avec 3 rangs, la formation semble plus solide.

Mais avec 2, on garnit un front plus considérable. On évite ainsi davantage d'être débordé.

Les mouvements individuels pour le maniement d'armes sont plus faciles. Les mouvements d'ensemble dans les manœuvres sont également plus réguliers. La marche de flanc, qui se fait par 4 au lieu de se faire par 2, est beaucoup plus commode. Le tir est plus certain, les feux sont plus justes. Enfin, cette formation est plus en rapport avec la nature de l'arme du soldat d'infanterie et avec la protection que cette arme peut donner au premier rang.

L'infanterie se forme donc sur 2 rangs.

Elle peut ensuite prendre les diverses formations que j'ai indiquées.

La première, la formation déployée, consiste, pour une troupe, à avoir ses divers éléments placés à côté les uns des autres.

Le bataillon déployé a ses 8 pelotons placés à côté les uns des autres.

Le régiment déployé a ses 2 bataillons déployés et séparés par un intervalle de 24 pas, 16 mètres.

La brigade déployée a ses deux régiments déployés et séparés par le même intervalle de 24 pas, ou de 16 mètres.

La division déployée a de même ses 2 brigades déployées et séparées par l'intervalle réglementaire.

La formation déployée est la formation habituelle et primitive de l'infanterie, parce que c'est celle que, par la nature de ses armes ou des circonstances, elle est le plus fréquemment dans le cas d'employer.

Les avantages de cette formation sont de donner aux feux de l'infanterie toute leur efficacité.

De plus, cette formation est simple, toujours facile à reprendre, propre à l'offensive et surtout à la défensive. Elle sert de base à toutes les manœuvres. Elle ne les contrarie ni ne les gêne ; c'est, comme je le disais plus haut, la formation habituelle et primitive de l'infanterie, le véritable ordre de combat.

Ses inconvénients sont de présenter de grandes difficultés pour la marche et d'offrir des flancs faibles. De plus la cavalerie peut briser facilement une ligne aussi mince, et en renversant un bataillon elle peut tomber sur le flanc des autres.

On a modifié cette formation de deux manières, et l'on a formé l'ordre en échelons et l'ordre en échiquier.

Ordre en échelons. — Je suppose une division de huit bataillons, déployée. On forme les échelons en avant par la droite de la manière suivante. (*Fig.* 1, *pl.* 1.)

Les six premiers bataillons se portent en avant. 5 et 6 s'arrêtent après avoir marché par exemple 150 pas.

3 et 4 marchent 300 pas.

1 et 2 en marchent 450.

On obtient ainsi une formation en échelons par régiment, à 150 pas, la droite en avant.

Cette formation présente certains avantages. La marche est plus facile. L'un des flancs est à l'abri de toute insulte par son éloignement. L'on peut alors rassembler sur l'autre un plus grand nombre de moyens pour le couvrir.

L'échelon de tête s'engage seul d'une manière sérieuse. Les autres restent en réserve, pourvu que la distance entre les échelons soit assez considérable. Cette distance varie de 100 à 200 mèt. Au-dessous de

100 mèt., elle serait trop petite ; les échelons seraient pour ainsi dire confondus. Au-dessus de 200 mèt. les échelons ne se flanqueraient qu'imparfaitement.

On peut profiter de l'intervalle entre les échelons pour y mettre de l'artillerie et de la cavalerie.

La force des échelons varie. On forme des échelons de bataillon ou de régiment. Si l'on en faisait par brigade et que l'on vînt à se former en carrés, ceux-ci seraient trop éloignés.

En déterminant l'obliquité générale des échelons, il faut faire attention que l'ennemi ne puisse pas enfiler cette ligne dans toute sa longueur.

Ordre en échiquier. — Une seconde modification de l'ordre en bataille est l'*ordre en échiquier*. (*Fig. 2, pl. 1.*)

Je suppose une ligne de huit bataillons. Pour la disposer en échiquier, les bataillons impairs, un, trois, cinq et sept, se portent en avant, tandis que les bataillons pairs restent en 2ᵉ ligne.

La division est alors disposée en échiquier.

Si l'on veut marcher en avant, les bataillons pairs se mettent en mouvement, traversent la 1ʳᵉ ligne et s'arrêtent à 150 mèt. au delà. Ils sont alors protégés dans leur mouvement par les bataillons impairs, qui peuvent exécuter des feux de pied ferme.

Quand les bataillons pairs sont établis, les bataillons impairs se mettent en mouvement à leur tour, et les deux lignes continuent ainsi à s'avancer par un mouvement alternatif, lent il est vrai, mais couvert et plus facile que la marche en ligne pleine.

Cette formation en échiquier s'emploie surtout pour les mouvements de retraite.

DIXIÈME LEÇON.

Suite de l'étude de l'infanterie. — Formation en colonne. — Avan-
tages et inconvénients. — Diverses espèces de colonnes.
Formations mixtes. — Formation en carré. — Des manœuvres.
Formations irrégulières. — De l'infanterie légère.

I.

Nous avons vu la première formation régulière de
l'infanterie, la formation déployée.

Nous allons voir les trois autres :

La formation en colonne ;
Les formations mixtes ;
La formation en carré.

Formation en colonne. — La formation en colonne s'obtient en plaçant les unes derrière les autres les subdivisions d'une même unité.

Ainsi un peloton se rompra en colonne par section
ou par demi-section.

Un bataillon se rompra en colonne par division, par
peloton ou par section.

L'ordre en colonne présente les avantages suivants :

Le front étant moins étendu que dans la formation
déployée, la colonne est plus avantageuse pour la
marche.

Elle se ploie à tous les terrains et peut se modifier
suivant les débouchés.

Les pelotons étant les uns derrière les autres, ayant
leurs chefs devant eux, leurs sous-officiers aux ailes

ou en serre-files, la colonne se trouve par suite beaucoup mieux dans la main de l'officier qui la commande.

Cette formation développe chez le soldat une certaine force morale, une certaine confiance, résultant de ce qu'il se sent soutenu en arrière.

Enfin, dans une attaque, la colonne présente sur le point d'attaque une succession d'efforts produits par les divisions qui suivent la première, qui en sont couvertes, qui par suite n'ont pas vu les obstacles ni presque essuyé les coups des défenseurs.

En raison de ces avantages la colonne est considérée comme la formation la plus propre au mouvement et à l'attaque.

Mais elle présente les inconvénients suivants :

Elle est très-difficile à reformer en cas de déroute.

Elle est très-exposée aux coups de l'artillerie, qui peut y faire de grands ravages. Decker cite l'exemple d'un obus français tombant sur un bataillon prussien formé en colonne à la bataille de Dresde et mettant vingt hommes hors de combat.

Enfin la colonne fournit peu de feux.

Pour remédier à ces inconvénients, quand on marche à l'ennemi en colonne, on prépare et on soutient l'attaque avec des batteries d'artillerie. Et en même temps, on couvre la tête des colonnes par un grand nombre de tirailleurs, dont le feu supplée à celui des colonnes et engage l'ennemi à se dégarnir du sien.

Diverses espèces de colonnes. — Il y a plusieurs espèces de colonnes, suivant qu'on les considère relativement à leur front, à leur profondeur, à leur force ou à leur objet.

Si l'on considère les colonnes relativement à leur front, il y a trois espèces de colonnes :

1° La colonne par section ;
2° La colonne par peloton ;
3° La colonne par division.

On emploie l'une ou l'autre de ces colonnes suivant la largeur des débouchés dont on dispose.

Dans les manœuvres, le front ordinaire est celui d'une division.

En route, on marche par section ; quelquefois, sur les chemins étroits, par demi-section ou même par quatre.

Si l'on considère les colonnes relativement à leur profondeur, c'est-à-dire relativement à la distance entre leurs subdivisions, il y a également trois espèces de colonnes.

1° La colonne à distance entière, que l'on emploie sur les routes afin d'être plus à l'aise, et sur les champs de bataille, quand on craint les effets des batteries de l'ennemi. La colonne à distance entière a l'inconvénient de demander beaucoup de temps pour le déploiement.

2° La colonne à demi-distance : on l'emploie généralement dans les manœuvres et dans les attaques. Elle permet de prendre des dispositions contre la cavalerie, de changer de front assez rapidement. Elle est moins longue à déployer que la précédente.

Elle offre moins de prise à l'artillerie ennemie que la suivante.

3° Celle-ci est la colonne en masse. On l'emploie quand on veut réunir beaucoup de troupes sur le même point et que l'on n'a pas à craindre les batteries de l'ennemi. On l'emploie, par exemple, pour les réserves, sur un champ de bataille.

Si l'on considère les colonnes relativement à leur force, on aura :

1° Des colonnes de compagnie, qui sont en usage chez les Prussiens, les Autrichiens, les Russes, les Suédois, etc...

2° Des colonnes de bataillon, qui sont le plus fréquemment employées sur les champs de bataille, parce qu'elles sont assez fortes pour résister seules à toute, attaque de l'ennemi et qu'en même temps elles sont très-mobiles et très-faciles à déployer.

3° Puis des colonnes de régiment, de brigade et quelquefois de division. Ces dernières sur un champ de bataille sont trop lourdes, trop profondes, trop difficiles à mouvoir. Elles peuvent être trop facilement mises en désordre. Embrassées par leurs flancs, elles peuvent faire de grandes pertes sans parvenir alors à se déployer. Nous les avons employées à Albuera et à Waterloo. Dans ces deux circonstances, elles ont amené des désastres. Dans tous les cas ce serait le maximum de la force des colonnes tactiques.

4° On emploie encore les colonnes hors du champ de bataille, sur le théâtre d'opérations. On forme alors des colonnes de division, de corps d'armée, quelquefois de plusieurs corps, à la suite les uns des autres.

Enfin, si l'on considère les colonnes relativement à leur emploi, on aura :

1° Les colonnes de route, formées de bataillons, de régiments, de brigades, de divisions ou de corps d'armée, marchant par peloton ou par section à distance entière, avec des intervalles de une à deux heures de marche entre les échelons principaux.

2° Les colonnes de manœuvres, que l'on emploie pour mouvoir les troupes sur les champs de bataille. Ce sont ordinairement des colonnes de bataillons ou de régiments. Plus considérables, elles seraient trop lourdes, elles offriraient trop de prise à l'ennemi, elles seraient trop longues à déployer.

3° Enfin, les colonnes d'attaque, que l'on emploie pour aller à l'ennemi lorsque la marche en ligne serait trop difficile, ou lorsque le terrain présente des défilés.

Une colonne d'attaque ne doit pas s'occuper de tirer. Elle marche rapidement et cherche à aborder le plus promptement possible l'ennemi à la baïonnette.

Elle ne doit pas non plus chercher à déployer sous le feu même de l'ennemi. Ce serait préparer un désastre.

Pour répondre au feu de celui-ci on couvre les colonnes d'attaque par de nombreux tirailleurs.

Sans cela un ennemi qui vous attend de pied ferme réserve son feu, enveloppe la tête de la colonne, tire à quarante pas et renverse la moitié des assaillants, comme ont fait les Anglais à Sainte-Euphémie, en Espagne et à Waterloo.

On emploie généralement comme colonne d'attaque la colonne double par bataillon, à distance de peloton, que l'on forme sur la division du centre. Cette colonne permet de déployer rapidement. Elle n'offre pas trop de prise à l'artillerie ; elle donne la possibilité de former immédiatement le carré.

Voilà les différentes espèces de colonnes le plus fréquemment employées.

Il faut y ajouter encore des colonnes exceptionnelles que l'on emploie dans certains cas particuliers.

Par exemple :

1° Je citerai la colonne employée à Wagram, colonne d'attaque de proportions gigantesques.

Elle était composée de huit bataillons déployés les

uns derrière les autres, avec treize autres bataillons formés en colonnes serrées sur les ailes.

L'ensemble de ces vingt et un bataillons comprenait les deux divisions Lamarque et Broussier.

Deux autres divisions , les divisions Pacthod et Durutte, suivaient à distance et servaient de réserve.

A droite se trouvaient les cuirassiers de Nansouty, à gauche la cavalerie légère de la garde.

Enfin, en arrière, à quelque distance, marchait la garde impériale.

Des colonnes aussi considérables sont fort difficiles à mouvoir et offrent beaucoup de prise aux projectiles de l'ennemi.

A Wagram, le maréchal Macdonald, avec sa colonne, aurait été fort compromis, sans les succès du maréchal Davoust sur la gauche de l'armée autrichienne.

2° On se sert aussi des colonnes pour les assauts.

La force de la colonne est alors proportionnée à la nature de l'ouvrage attaqué.

Ainsi, généralement, on met cent hommes pour une lunette avancée;

Deux cents pour une demi-lune;

Trois cents pour un bastion;

Quatre cents pour un retranchement intérieur.

Il y a ensuite derrière les colonnes d'assaut des colonnes de soutien, des colonnes de réserve et des colonnes de travailleurs.

3° On emploie encore la colonne pour l'attaque d'une barricade. Le front de la colonne est alors déterminé par la largeur de la rue. La profondeur doit être peu considérable, car la seconde subdivision trouvera plus d'embarras que la première, la troisième plus que la seconde, etc. Cependant, comme il faut beaucoup de monde, on emploie des colonnes accessoires, soit en deuxième ligne, soit sur les flancs ou sur les derrières de la barricade.

Quand on ne peut aborder la barricade que de front, on lance successivement des colonnes peu nombreuses, qui épuisent l'ennemi, et que l'on fait suivre d'une réserve destinée à donner le coup de collier.

4° Pour l'attaque des ouvrages de fortification de campagne, on lance plusieurs colonnes que l'on couvre par des tirailleurs ; on les dirige sur les capitales ; on leur donne peu de profondeur, mais on les multiplie de manière à tromper les défenseurs.

5° Enfin il y a encore des colonnes défensives. Ce sont des colonnes en masse ou à demi-distance, dans lesquelles les files extérieures des subdivisions du centre font face à l'ennemi.

Telles sont les différentes espèces de colonnes.

II.

Des formations mixtes. — Les deux formations, déployée et en colonne, présentent chacune un certain nombre d'avantages et d'inconvénients.

On les a combinées entre elles de manière à conserver dans une certaine mesure les avantages de chacune d'elles, et de manière à corriger leurs inconvénients l'une par l'autre.

Ayant, par exemple, trois bataillons, on déploie le deuxième, et on dispose les deux autres en colonne sur les ailes. (*Fig.* 3, *pl.* 1.) On obtient ainsi une formation mixte, donnant une quantité de feux assez considérable, présentant en même temps certaines facilités pour la marche et ayant de plus les flancs parfaitement appuyés.

C'est dans cet ordre que l'armée française passa le Tagliamento en 1797.

Les deux divisions Bernadotte et Guyeux formaient la ligne de bataille. La division Serrurier formait la réserve.

Dans chaque division, les demi-brigades, qui comptaient trois bataillons, avaient adopté la formation que je viens d'indiquer.

A Eylau, les Russes avaient, dans chaque régiment, le bataillon du centre déployé, et les deux autres bataillons en colonne derrière les ailes. (*Fig.* 4, *pl.* 1.)

J'appellerai encore formation mixte une ligne de bataillons en colonne, à distance de déploiement, formation qui participe évidemment des deux ordres en bataille et en colonne. (*Fig.* 5, *pl.* 1.)

C'est l'ordre que le général Jomini propose pour formation de combat. Il est évidemment très-propre à la marche et très-facile à déployer.

C'est celui que Schérer avait prescrit à l'armée d'Italie en 1796.

Formation en carré. — Enfin, comme formation régulière, l'infanterie a encore la formation en carré.

Cette formation est la conséquence de la formation en colonne. Elle est essentiellement défensive; et elle n'est vraiment bonne, pour l'infanterie, que quand celle-ci peut être enveloppée par la cavalerie.

Dans toute autre circonstance, il est évident que la formation déployée, qui permet à une troupe de faire usage à la fois de la totalité de son feu, est supérieure à la formation en carré, qui ne permet d'en employer que le quart dans la même direction.

Il y a deux sortes de carrés, les carrés vides et les carrés pleins.

Les premiers sont formés sur 2, 3, 4 et 6 rangs. En Égypte, les carrés étaient sur 6 rangs ; — les carrés anglais étaient sur 4, — aujourd'hui nos carrés sont sur deux rangs.

Les carrés pleins sont formés par des colonnes en masse ; il n'y a pas de vide intérieur, et les flancs sont formés par les files extérieures des subdivisions du centre. Ces carrés présentent une grande solidité ; mais, en même temps, ils offrent beaucoup de prise à l'artillerie, et au milieu du carré se trouvent un grand nombre d'hommes qui ne peuvent faire usage de leurs armes.

Sous le rapport de leur forme, les carrés sont toujours ou carrés ou rectangulaires.

Sous le rapport de leurs dimensions, on forme des carrés de bataillon ou de régiment.

Quelquefois et par exception, on forme des carrés plus considérables, comme en Égypte, où les carrés étaient formés par division.

Quelquefois encore on adopte la disposition suivante :

Ayant deux lignes d'infanterie déployées à 3 ou 400 mèt. l'une de l'autre, on dispose sur les ailes des troupes en colonnes, qui font de cet ordre de bataille un véritable carré, un carré vide (*Fig*. 6, *pl*. 1). Ou bien encore une réserve, par exemple, une division ayant ses quatre régiments en colonnes serrées, à côté les uns des autres, présente une sorte de carré plein. (*Fig*. 7, *pl*. 1.)

Telles sont les différentes formes et les diverses dimensions des carrés.

Pour la formation du carré de bataillon ou de régiment, on forme d'abord la colonne par division, à distance de peloton ; on passe ensuite à la formation du carré, en faisant serrer la dernière subdivision et

la ligne. « Dans cet ordre, dit le maréchal de Saint-
« Arnaud, une infanterie, qui a du calme et qui est
« maîtresse de son feu, ne saurait être entamée par
« la cavalerie. »

Le maréchal Bugeaud recommande alors le tir à
deux balles, qui devient, dit-il, un puissant auxiliaire.

On trouve dans l'histoire des exemples fréquents
de l'emploi des carrés.

Aux Pyramides, l'ordre de bataille présentait cinq
carrés, formés chacun d'une division et disposés à peu
près en échelons doubles sur le centre : la gauche s'appuyait au Nil, et la droite à un village dont on s'était
emparé au commencement de l'action. (*Fig.* 13, *pl.* 2.)

Au mont Thabor, Kléber avait formé deux carrés
avec sa petite division. Ces carrés se flanquaient réci-
proquement ; ils étaient enveloppés par 20,000 Turcs :
Bonaparte arrive au secours, il forme trois carrés échelonnés sur le centre, et il se dirige de manière à prendre
le gros de l'ennemi entre ses carrés et ceux de Kléber.
(*Fig.* 14, *pl.* 2.)

A Austerlitz, le maréchal Lannes, avec les divisions
Suchet et Caffarelli, se sert des carrés obliques pour
repousser la charge des uhlans de la garde russe.

Enfin, à Isly, le maréchal Bugeaud, qui marchait
sur deux colonnes parallèles, les forme pour le combat
en échelons doubles sur le centre et présente ainsi un
grand losange, dans lequel tous les carrés se flanquent
mutuellement, et où, par conséquent, l'ennemi ne
trouve pas d'ouverture pour pénétrer.

L'artillerie est sur les diagonales ;

La cavalerie dans l'intérieur du losange. (*Fig.* 15,
pl. 2.)

Nous avons terminé l'examen des formations régulières de l'infanterie. — Passons aux manœuvres.

On appelle manœuvres les mouvements par lesquels on passe d'une formation à une autre, et au moyen desquels une troupe peut se porter dans toutes les directions.

Les manœuvres doivent remplir plusieurs conditions :

1° La simplicité, pour qu'elles soient faciles à comprendre et à exécuter ;

2° La promptitude, parce que c'est un moment de crise qu'il faut passer promptement ;

3° L'ordre, qui est indispensable pour que les troupes ne tombent pas dans la confusion ;

4° La solidité ou la sûreté, c'est-à-dire qu'à tous les moments de la manœuvre, il faut pouvoir s'arrêter et prendre une disposition défensive, ce qui arrive dans les manœuvres françaises, où tous les bataillons formés en colonnes doubles peuvent à tout instant s'arrêter et former les carrés.

5° Enfin la flexibilité, de manière à pouvoir se plier à tous les terrains.

Les principales manœuvres de l'infanterie sont les suivantes :

1° Passer de l'ordre en colonne à l'ordre en bataille ;
2° Marcher en bataille ou sur une ligne de bataillons en colonne ;
3° Former les échelons ;
4° Prendre l'ordre en échiquier ;
5° Former les carrés perpendiculaires ou obliques ;
6° Exécuter les passages de ligne ;
7° Exécuter les changements de front ;
8° Passer de l'ordre en bataille à l'ordre en colonne.

Voilà les manœuvres de l'infanterie les plus usitées et celles dont on trouve des exemples à la guerre.

Nos manœuvres d'infanterie sont réglées par l'ordonnance de 1831, qui est renouvelée en grande partie de celle de 1791. Antérieurement à cette époque, il y avait eu un règlement de manœuvres en 1776 et un autre en 1753.

L'ordonnance de 1831 vient d'être modifiée tout récemment, en 1860.

Comme je l'ai dit précédemment, le général Renard fait observer que cette ordonnance semble plus en rapport avec la tactique compassée du siècle dernier qu'avec les allures dégagées de la tactique actuelle.

Quoi qu'il en soit, les manœuvres ont une grande importance. A toutes les époques, ce sont elles qui ont assuré la victoire.

III.

Des formations irrégulières de l'infanterie. — Les éléments d'une troupe d'infanterie peuvent être désunis et placés à des distances variables les uns des autres, en dessinant sur le terrain une figure irrégulière. C'est ce qui constitue le service de tirailleurs.

Ce service est fait plus particulièrement par l'infanterie légère, voltigeurs et chasseurs à pied. Cependant toute l'infanterie y est exercée.

Il ne faut pas confondre les tirailleurs avec les éclaireurs.

Les éclaireurs surveillent les mouvements de l'ennemi. Ils peuvent faire leur service sans avoir à s'engager. Ils comprennent les avant-gardes, les arrière-gardes et les flanqueurs.

Les tirailleurs sont beaucoup plus nombreux. On ne

les détache qu'en présence de l'ennemi. Ils ont pour but de tenir éloignés les tirailleurs de l'ennemi, de reconnaître sa position, de fatiguer ses troupes de ligne. Ils commencent le combat et préparent l'action des masses.

Il y a trois espèces de tirailleurs :

1° Les tirailleurs de marche, qui couvrent la marche des colonnes en présence de l'ennemi ;

2° Les tirailleurs de bataille, qui couvrent les troupes en position et qui protègent les manœuvres. Leur action est évidemment secondaire. Ils se neutralisent mutuellement et ne peuvent rien décider. Il faut toujours en venir au choc des masses ;

3° Les tirailleurs en grande bande, qui datent de 1792. N'ayant pas le temps d'instruire les troupes, ni de leur donner de l'ensemble, on tira parti de ce qu'il y a d'intelligent, d'audacieux, d'entreprenant dans le caractère français, pour faire combattre nos jeunes soldats éparpillés et librement, c'est-à-dire en grandes bandes de tirailleurs.

Dumouriez, Custine, Dugommier, emploient de cette manière des bataillons, des demi-brigades, des brigades entières. Plus tard, Augereau et Masséna suivent la même tactique et la perfectionnent. Nos bandes de tirailleurs sont soutenues par de fortes colonnes qui menacent l'ennemi de front, tandis que les tirailleurs agissent sur ses flancs et les tournent. Sous l'Empire, la continuation de ce système donne à nos troupes plus de mobilité qu'à toutes les autres armées européennes. De là nos succès.

Les tirailleurs en grande bande seront toujours la meilleure tactique pour des troupes jeunes, peu instruites, mais braves et enthousiastes.

Les tirailleurs, en général, présentent les avantages suivants :

1° Leurs feux sont très-redoutables et désolent, par leur précision, des troupes en ligne ;

2° Leur front est très-étendu, et une compagnie de voltigeurs peut couvrir un bataillon ;

3° Leur marche est facile. Ils passent sur tous les terrains, et les plus accidentés sont ceux qui leur sont le plus favorables.

Les tirailleurs sont impropres au choc ; cependant, isolément, ils peuvent faire usage de leurs baïonnettes.

Pour l'emploi des tirailleurs, on les forme en groupes de 2, de 4 ou de 8, que l'on appelle camarades de combat, qui se rallient ensemble et qui règlent leurs feux par moitié.

On ne s'attache pas à la régularité de la ligne, mais on lui fait suivre toutes les sinuosités du terrain, de manière à profiter des accidents favorables pour abriter les tirailleurs.

Quand la ligne de tirailleurs s'éloigne du corps principal, on lui donne une réserve du tiers ou de la moitié de son effectif.

Tels sont les principes généraux relatifs au service des tirailleurs.

Ce service doit pouvoir être fait par toute l'infanterie. Mais il appartient plus spécialement à l'infanterie légère.

Comme je l'ai dit, il y a eu de tout temps de l'infanterie légère.

Les Grecs avaient leurs psilites.

Les Romains leurs vélites, gens de trait, frondeurs et archers.

Au moyen âge, l'infanterie légère était représentée par les aventuriers, les archers, etc...

A l'époque de la renaissance, par les arquebusiers et les enfants perdus.

Sous Louis XIV, par les dragons, les mousquetaires, les partisans.

Sous l'Empire, et au camp de Boulogne, chaque division d'infanterie avait un régiment d'infanterie légère, comme elle a aujourd'hui un bataillon de chasseurs à pied. Chaque bataillon avait de plus, encore comme aujourd'hui, une compagnie de voltigeurs.

L'infanterie légère était plus nécessaire dans le siècle dernier que dans le nôtre.

En effet, à cette époque, on faisait des soldats de véritables automates, attachant une importance exagérée à la précision du maniement d'armes et à la cadence du pas.

L'infanterie légère était alors indispensable.

Aujourd'hui, les exercices militaires ont changé. On cherche à développer les forces physiques et l'adresse du soldat, au moyen des exercices gymnastiques, du tir à la cible, de l'escrime à la baïonnette, etc..... Sur les champs de bataille, on ne veut plus faire combattre les soldats comme des machines, mais bien comme des hommes. La régularité de nos manœuvres est moins parfaite, mais très-suffisante. Et toute notre infanterie peut faire le service d'infanterie légère.

Cependant, comme je le disais tout à l'heure, ce service est réservé plus spécialement à nos voltigeurs et à nos chasseurs à pied.

Les voltigeurs couvrent le front et les manœuvres de leurs bataillons.

Les chasseurs à pied ont une destination spéciale. On les considère à la fois comme de l'infanterie légère et comme une artillerie très-portative.

Ils contre-battent l'artillerie ennemie à de grandes distances. Ils appuient les flancs d'un ordre de bataille. Enfin, ils peuvent être appelés, en raison de la puissance de leurs armes, à faire des trouées dans la ligne ennemie par des feux d'ensemble.

On emploiera donc les chasseurs à pied :

1° En tirailleurs devant le front ;

2° Sur les flancs, dans des positions favorables, d'où ils tireront postés, comme les batteries d'artillerie ;

3° Enfin en réserve, pour agir tout à coup par des feux d'ensemble d'une grande puissance.

Les chasseurs ont un habillement spécial et un armement particulier, tous deux en rapport avec les nécessités de leur service.

Le premier bataillon de chasseurs a été créé à titre d'essai le 14 novembre 1838, sous le nom de bataillon de tirailleurs.

On lui donna à peu près l'habillement actuel, de couleur sombre : tunique bleu de roi, pantalon gris de fer. On l'arma de carabines à tige. On y développa l'instruction du tir. On l'instruisit à manœuvrer au pas gymnastique.

En 1840, on créa 10 autres bataillons.

En 1853, on en créa 10 nouveaux, ce qui porta le nombre à 20 pour la guerre d'Orient.

En 1854, on en créa 2 autres encore, 21ᵉ et 22ᵉ, qui furent dissous à la paix.

Enfin, à la création de la garde, on lui adjoignit un bataillon de chasseurs de la garde.

Tel est l'historique de ce nouveau corps et tels sont les principes relatifs au service de l'infanterie légère, service qui demande surtout de la légèreté et de l'intelligence.

Nous terminons ici l'étude de l'infanterie et des règles relatives à son emploi.

ONZIÈME LEÇON.

I.

De la cavalerie. — Considérations générales. — Chez les anciens, la cavalerie était une arme secondaire.

Au moyen âge, elle est devenue un moment l'arme principale.

Mais l'invention des armes à feu et la renaissance de l'art militaire la remirent au second rang, c'est-à-dire, à celui qu'elle occupait dans les beaux temps de la Grèce et de Rome.

La cavalerie est encore aujourd'hui une arme accessoire, mais c'est un accessoire indispensable.

Son utilité ressort dans les trois modes d'existence des armées.

Dans les camps, elle forme les avant-postes, fait les reconnaissances et les détachements, escorte ou attaque les convois, etc.

En marche, elle sert d'avant-garde, elle éclaire les flancs, elle transmet les nouvelles.

Sur les champs de bataille, elle sert à tâter l'adversaire, à renverser des troupes déjà ébranlées, et surtout à la fin des engagements, à rompre les dernières formations de l'ennemi, à ramasser des prisonniers, enfin à poursuivre les troupes en retraite.

Une armée sans cavalerie peut remporter des victoires, mais ne peut pas en profiter, comme cela nous est arrivé à Lutzen et à Bautzen.

La cavalerie est donc indispensable; elle forme une des trois unités tactiques d'une armée moderne.

Comparée à l'infanterie, elle n'aura cependant que le second rang, comme je le disais tout à l'heure. En effet, son recrutement est difficile et coûteux. La durée du cheval est moins considérable que celle de l'homme. Les fourrages qui servent à la nourriture de la cavalerie sont lourds et embarrassants. L'instruction du cavalier est longue. Si le cheval a une grande rapidité momentanée, il résiste moins à la fatigue que le fantassin. Enfin, la cavalerie n'a qu'une seule des propriétés tactiques indiquées précédemment, celle du choc. Elle est par suite propre à l'attaque, mais elle ne saurait se défendre de pied ferme.

La proportion généralement adoptée dans les armées modernes, pour le chiffre de la cavalerie, varie du 1/4 au 1/10 du chiffre de l'infanterie.

Il y a trois espèces de cavalerie d'après les différentes espèces de chevaux et les propriétés naturelles qui les distinguent :

1° La cavalerie de réserve, comprenant les carabiniers et les cuirassiers. Composée d'hommes d'une haute stature, couverts de fer, montés sur des chevaux de grande taille, elle est employée à renforcer quelques parties d'un ordre de bataille, à faire une attaque périlleuse, à compléter le succès de l'infanterie, à servir de réserve d'élite ;

2° La cavalerie de ligne, comprenant les dragons et les lanciers.

Les dragons, moins pesants que les cuirassiers, plus solides que les hussards, pouvant combattre à pied, suppléent les deux autres espèces de cavalerie et sont excellents pour les reconnaissances, la conduite des convois et la guerre de partisans. Quand on fait mettre pied à terre aux dragons, il ne s'agit pas de les faire combattre en ligne, mais de les poster comme tirailleurs. C'est ainsi seulement qu'ils peuvent rendre des services.

Les lanciers sont propres surtout aux poursuites.

3° La cavalerie légère, qui se compose des hussards et des chasseurs. Son service est extrêmement important.

C'est elle qui veille à la sûreté de l'armée, qui éclaire les troupes en marche, qui prévient les surprises. Elle fait les reconnaissances.

Elle épargne à l'infanterie de grandes fatigues en poussant au loin des éclaireurs et des postes. Elle protége le déploiement des colonnes. Elle couvre encore l'armée dans les retraites. Ses petits chevaux, plus agiles et plus sobres que ceux des cuirassiers et des dragons, supportent mieux que les leurs la fatigue et la faim, qu'il faut souffrir dans les diverses circonstances indiquées plus haut.

De plus, la cavalerie légère combat dans les pays coupés sous la protection de l'infanterie.

La cavalerie emprunte ses propriétés à son cheval. Elle les complète avec ses armes.

Examinons d'abord le cheval considéré comme instrument de guerre.

Le cheval est pour l'homme son véritable compagnon de guerre.

Il faut le choisir avec soin.

Le cheval de guerre doit être à la fois leste et vigoureux. Il doit être ardent, mais docile ; il doit avoir une constitution robuste, et son éducation, faite autant que possible en plein air, a dû le préparer aux intempéries des bivouacs et aux fatigues de la vie de campagne.

Le cheval de guerre a deux propriétés : *la rapidité et la force d'impulsion* ; il les communique à son cavalier, et ce sont là, en effet, les deux propriétés tactiques de la cavalerie.

Par la rapidité, la cavalerie se transporte, en quelques minutes, d'un point à l'autre du champ de bataille ; de plus, elle éclaire au loin l'armée.

Par la force d'impulsion, la cavalerie peut rompre et renverser toutes les formations de l'ennemi.

Nous reviendrons, plus loin, sur ces deux propriétés tactiques de la cavalerie.

Examinons auparavant les armes que l'on doit donner aux cavaliers pour compléter les effets produits par leurs chevaux.

Les armes de guerre se divisent en deux classes : les armes offensives et les armes défensives.

Les premières se divisent elles-mêmes en armes à feu et armes blanches.

Parmi les armes à feu, le fusil est évidemment l'arme la plus complète. Mais il paraît difficile de le donner à la cavalerie à cause de son poids et de sa longueur.

On donne des armes à feu à la cavalerie, afin qu'elle puisse avertir, car presque toutes les cavaleries ont à se garder elles-mêmes et peuvent être appelées à jouer le rôle d'éclaireurs.

Une arme à feu est encore nécessaire aux cavaliers qui couvrent un déploiement, qui soutiennent une retraite, parce qu'il faut alors occuper l'ennemi et l'empêcher, en tiraillant, de venir reconnaître de trop près ce qu'on veut lui dérober.

Une cavalerie, sans armes à feu d'une certaine portée, serait exposée à se voir fusiller de très-près par l'infanterie dans les pays accidentés; tandis qu'avec ses tirailleurs elle peut au moins tenir ceux de l'infanterie à distance et prendre une disposition.

En même temps, une arme à feu courte et facile à manier est nécessaire dans les mêlées.

Par suite de ces considérations, tous les cavaliers ont reçu des pistolets pour avertir d'abord et ensuite pour les mêlées, où l'on peut avoir à s'en servir à brûle-pourpoint.

Puis toute la cavalerie légère a reçu des mousquetons. Le tir de ces armes est fort incertain. Aussi les régiments de cavalerie légère envoyés en Afrique ou en Orient ont laissé leurs mousquetons pour prendre des fusils de dragons.

Le fusil de dragons, quoique un peu lourd et embarrassant, est donc maintenant l'arme à feu principale de la cavalerie. On le donne non-seulement aux dragons, mais aux hussards et aux chasseurs. Du reste, le problème est encore à l'étude. On cherche pour la cavalerie une arme moins lourde que le fusil et plus juste que le mousqueton.

Dans tous les cas, les armes à feu ne sont qu'accessoires pour la cavalerie.

L'arme principale du cavalier est l'arme blanche : le sabre ou la lance.

Le sabre est une arme à la fois propre à l'attaque et à la parade.

Les lames de sabre sont droites ou courbes.

Les lames droites sont faites pour frapper de la pointe. Leur effet est très-dangereux. Elles sont excellentes pour combattre en ligne et conviennent parfaitement aux cuirassiers.

La lame courbe tranche bien, mais sa blessure est généralement peu profonde. Il arrive fréquemment que le soldat frappe du plat au lieu de frapper du tranchant, parce qu'il serre trop la poignée, ou parce que celle-ci est mal faite. Cette lame est propre surtout au combat individuel. Elle convient à la cavalerie légère.

Dans la cavalerie de ligne, les dragons ont le sabre de grosse cavalerie, et les lanciers celui de cavalerie légère.

Ces derniers ont, de plus, la lance, arme offensive très-meurtrière dans les poursuites.

Telles sont les armes offensives de la cavalerie.

Les armes défensives sont le casque et la cuirasse.

La cuirasse pesait anciennement 8 kilog.; elle a été allégée.

La cuirasse française se compose d'un plastron et d'un dos. Quelques cavaleries étrangères n'ont pas de cuirasse par derrière. Par suite, il n'y a plus d'équilibre. De plus, dans la mêlée, ces cuirassiers sont fort exposés. Le colonel Marbot parle d'une charge de cuirassiers français, le soir de la bataille d'Eckmühl, contre des cuirassiers autrichiens qui n'ont que des plastrons, et il dit que, pour un blessé français, il y en avait 8 autrichiens; que, pour un mort français, il y en avait 13 autrichiens, ce qu'il attribue à la différence des cuirasses.

Je viens de parler du cheval et des armes du cavalier.

Pour son habillement, son équipement et son harnachement, ils doivent être avant tout simples et commodes; ils doivent être assez légers pour ne pas écraser les chevaux et transformer des chevaux de selle en chevaux de bât.

Voyons maintenant l'organisation tactique de la cavalerie.

II.

Organisation tactique de la cavalerie.—L'unité tactique de la cavalerie est l'escadron.

Autrefois l'escadron comprenait 2 compagnies distinctes l'une de l'autre et qui s'administraient séparément.

Aujourd'hui l'escadron est à la fois unité tactique et unité administrative.

L'escadron comprend 4 pelotons.

Le peloton est de 12, 16 ou 24 files.

L'escadron est, par suite, de 48, 64 ou 96 files.

Les pelotons se subdivisent en sections et en escouades.

L'escadron est beaucoup moins nombreux et moins étendu que le bataillon. Il n'a que des propriétés offensives et, par conséquent, au point de vue tactique, il est moins complet que le bataillon.

Dans les manœuvres on compte par escadron, parce que le peu d'étendue du front d'un escadron et la facilité de rendre sa marche correcte permettent de l'assigner pour base à tous les mouvements.

Quatre, cinq ou six escadrons forment un régiment. Quelquefois même, comme en Autriche et en Russie, il y a des régiments à 8 ou 10 escadrons.

Deux ou trois régiments forment une brigade.

Deux ou trois brigades forment une division.

Plusieurs divisions peuvent être réunies pour former un corps d'armée. Le maximum d'un corps de cavalerie est de 6,000 chevaux, et encore ces corps sont-ils très-lourds, difficiles à nourrir et à faire mouvoir.

Telle est l'organisation tactique de la cavalerie dont j'avais déjà dit quelques mots dans le 1ᵉʳ livre.

Dans chaque unité, la cavalerie est disposée sur 2 rangs de profondeur. Autrefois elle était disposée en masses profondes. Les escadrons de Henri IV avaient jusqu'à 16 ou 18 rangs de profondeur. Peu à peu, on revint à des proportions plus rationnelles, et l'on est arrivé enfin aujourd'hui à la formation sur deux rangs.

Le deuxième rang, dans les charges, n'augmente pas le choc matériel, mais il augmente la force morale. De plus, les hommes du deuxième rang remplissent les vides du premier. Leurs chevaux, par la crainte des atteintes, empêchent ceux du premier rang d'arrêter ou de ralentir, si toutefois ils en avaient l'envie. Enfin, avec un deuxième rang, la profondeur de l'escadron se trouve plus en rapport avec son front.'

Les officiers sont en dehors et devant le centre des pelotons qu'ils commandent.

Les sous-officiers et brigadiers encadrent les pelotons.

Les cavaliers d'élite étaient réunis, sous l'Empire, en compagnie d'élite. Aujourd'hui, ils restent dans les pelotons. Il y en a huit dans chacun d'eux. On les appelle cavaliers de première classe.

L'effectif de la cavalerie doit être à peu près le même en temps de paix qu'en temps de guerre, à cause des difficultés de l'instruction.

L'effectif des hommes est toujours supérieur à l'effectif des chevaux, à cause de la nécessité de faire soigner les chevaux des hommes absents, malades ou de service.

En temps de paix, il faut, dans chaque régiment, un quart des cavaliers non montés. En temps de guerre, il en faut un cinquième ou un dixième.

Au camp de Châlons, pour les régiments de la garde, il y avait 750 cavaliers pour 600 chevaux.

Propriétés tactiques de la cavalerie — Examinons les propriétés tactiques de la cavalerie.

Comme je l'ai déjà dit, le cavalier emprunte ses propriétés tactiques à son cheval.

Ces propriétés sont : la rapidité et le choc ou la force d'impulsion. Je ne parle pas du feu. Nous avons vu qu'il était tout à fait secondaire.

Par suite de sa première propriété, un cavalier isolé pourra être employé à porter rapidement des nouvelles. Il pourra encore servir d'*éclaireur* pour reconnaître au loin, de *tirailleur* pour couvrir une manœuvre.

Par suite de sa deuxième propriété, il servira de *fourrageur* pour exécuter une charge sur une batterie ennemie.

Les cavaliers réunis, c'est-à-dire les diverses unités que j'ai indiquées, pelotons, escadrons, etc..., jouiront des mêmes propriétés, la rapidité et le choc.

Par suite de sa rapidité, la cavalerie formera les avant-gardes, comme les quatre divisions de cavalerie légère, Treilhard, Milhaud, Wathiez et Lassalle, en 1806, sous les ordres de Murat, précédant la grande armée, lui servant d'avant-garde générale et inondant la vallée du Mein.

On pourra ensuite la transporter rapidement d'une partie du champ de bataille à une autre, comme Napoléon à Wagram, portant ses cuirassiers à son aile droite, quand il croit que les Autrichiens prennent l'offensive de ce côté, et les ramenant ensuite au centre.

Enfin, on l'emploiera encore dans les poursuites, et elle cherchera alors à gagner rapidement les flancs de l'ennemi pour lui couper la retraite, comme Grouchy à Vauxchamp en 1814.

Par suite de sa deuxième propriété, de sa force d'impulsion et du choc qu'elle produit, la cavalerie peut rompre et disperser certaines parties de l'ordre de bataille ennemi.

Les chocs produits par la cavalerie sont les résultats des charges. Nous allons voir les règles générales relatives à leur exécution.

Une charge est une marche directe, vive et impétueuse, dont l'ennemi est le but. C'est l'action décisive de la cavalerie.

Une charge doit remplir deux conditions principales :

L'élan et l'à-propos.

Pour qu'une charge ait de l'élan, pour que le choc soit efficace, il faut qu'au moment d'aborder l'ennemi, le cheval ait toute sa rapidité. Et, pour cela, on le fait passer successivement aux différentes allures, au pas, au trot et au galop. On développe ainsi progressivement ses forces musculaires.

Au galop de charge, il se trouve avoir acquis toute sa vitesse.

La distance à laquelle on entame la charge doit donc être bien calculée. Si cette distance est trop longue, les chevaux arrivent essoufflés. Si elle est trop courte, les chevaux n'ont pas le temps d'acquérir toute leur vitesse.

Cette distance a été fixée à 220 mèt. pour des chevaux dans des conditions moyennes. Il faut environ 40 secondes pour la parcourir. Par suite l'infanterie n'a pas le temps de tirer plus de deux coups de fusil par homme.

Le maréchal de Saxe veut que les chevaux puissent charger 2,000 pas. C'est sans doute galoper qu'il veut dire.

On peut pousser à la charge une ligne de cavaliers comme un seul homme. Chacun d'eux peut accélérer ou ralentir l'allure, de manière à obtenir de l'ensemble dans la masse. On les y habitue, en les faisant marcher tous ensemble au pas, au trot et ensuite au galop et en portant une grande attention à l'alignement.

Dans une charge bien faite, toutes les parties de la ligne devraient arriver sur l'ennemi en même temps et à toute vitesse.

Mais il est rare que les choses se passent ainsi. Le plus ou moins d'audace des cavaliers et de vitesse des chevaux s'y opposent également.

Une charge en ligne n'est réellement, dit Jacquinot de Presles, qu'une suite rapide de charges successives, dont les braves forment les points saillants. Ce sont ces causes qui rendent le succès des charges si incertain et qui doivent faire éviter d'en entreprendre sur de trop grands fronts.

Une charge peut échouer encore par suite de la nature d'un sol mouvant et détrempé ; par suite d'une haie, d'un fossé qui mettent les escadrons en désordre. Enfin elle peut échouer par suite de la résistance qu'elle rencontre.

Il est rare même qu'une charge réussisse, si elle n'a pas été préparée par un feu d'artillerie qui ébranle la troupe ennemie.

Dans tous les cas, la première condition que doit remplir une charge de cavalerie, c'est l'élan.

La seconde condition, c'est l'à-propos. Il faut savoir profiter du moment où l'ennemi manœuvre, où il est en désordre, etc...

Il faut donc à la fois, dans l'officier de cavalerie, de la prudence et de la résolution : de la prudence, pour ne pas entreprendre de charges téméraires ; de la résolution, pour les pousser à fond quand le moment est favorable. Il faut en même temps un coup d'œil sûr et rapide qui permette de juger de l'à-propos. Tel était le maréchal Bessières.

Le choc matériel a plus souvent lieu dans la cavalerie que dans l'infanterie. Cependant l'effet moral suffit fréquemment. La troupe qui se sent la plus faible tourne le dos sans attendre le choc.

On distingue trois espèces de charges :

La charge en ligne ;
La charge en colonne ;
La charge en fourrageurs.

Les deux premières sont préparées par l'artillerie et précédées par des tirailleurs qui couvrent le mouvement et servent à reconnaître le terrain.

La charge en ligne s'emploie généralement contre de la cavalerie. Dans tous les cas, on a toujours au moins deux lignes.

Une division de cuirassiers, par exemple, arrive en colonne par escadron à 7 ou 800 mèt. de l'ennemi.

Elle déploie rapidement sur deux lignes par brigade

sous la protection de sa batterie d'artillerie et de quelques tirailleurs.

La 2ᵉ ligne reste en colonnes d'escadrons, afin de laisser des intervalles pour l'écoulement de la première.

Les deux lignes sont séparées de 400 pas, à cause de la rapidité avec laquelle on est ramené dans le cas d'une charge malheureuse.

L'artillerie prépare la charge et tire en avançant jusqu'à près de 300 mèt. de l'ennemi. Généralement elle tire à mitraille.

Alors la 1ʳᵉ ligne charge.

La 2ᵉ ligne la suit au trot et sert de soutien ou de réserve. Tel est l'ensemble d'une charge en ligne. (*Fig.* 16, *pl.* 11.)

La charge en colonne s'emploie généralement contre l'infanterie et particulièrement contre l'infanterie en carrés. Cette charge s'exécute sur le front d'un escadron, avec des distances doubles du front.

On produit ainsi une succession d'efforts qui doivent finir par lasser l'infanterie et amener sa perte.

La charge en fourrageurs s'emploie contre l'artillerie. On lance les fourrageurs au galop contre la batterie que l'on veut enlever, en commençant le mouvement à 600 mèt. Quand la charge réussit, on encloue les pièces, si on ne peut les emmener.

III.

Des formations régulières de la cavalerie. — Ces formations sont à peu près les mêmes que celles de l'infanterie.

Il y en a deux principales : la formation en bataille et la formation en colonne.

La formation en bataille consiste toujours, pour la cavalerie comme pour l'infanterie, à avoir ses divers éléments placés à côté les uns des autres. La cavalerie prend cette formation quand elle est exposée aux projectiles de l'ennemi, quand elle doit couvrir un certain espace de terrain, quand elle attend le moment de charger.

Les escadrons en bataille conservent entre eux des intervalles de douze pas, afin que les fluctuations de l'un d'eux ne puissent pas s'étendre sur toute la ligne et aussi afin de pouvoir opérer rapidement un demi-tour par peloton. Ces intervalles servent encore pour les passages de lignes, pour parer aux difficultés du ralliement qui serait impossible pour une ligne pleine, et enfin ils facilitent les mouvements de l'artillerie.

Autrefois on chargeait en muraille. Il n'y avait pas d'intervalle entre les escadrons : aussi le désordre s'introduisait facilement.

Les inconvénients de la formation déployée sont les mêmes pour la cavalerie que pour l'infanterie : la marche est difficile, et les flancs sont faibles.

On remédie parfois à la faiblesse des flancs au moyen d'escadrons en colonne. C'est une sorte de formation mixte.

On modifie de deux manières l'ordre déployé, 1° par la formation en échelons, comme dans l'infanterie ; 2° par la formation en échiquier, qui est également applicable, mais qui est peu employée. Cependant, du temps de l'Empire, dit le général Schauenbourg, la cavalerie a fait plusieurs fois usage de l'ordre en échiquier pour les retraites.

A Hochkirch, Sedlitz s'en est servi pour couvrir la retraite de l'armée prussienne, qu'il protégeait avec 42 escadrons.

La formation en colonne consiste, pour la cavalerie comme pour l'infanterie, à avoir ses divers éléments placés les uns derrière les autres.

Si nous considérons les colonnes relativement à leur front, nous en avons trois espèces : par quatre, par peloton et par escadron ; ce qui permet de proportionner le front des colonnes à la largeur des débouchés.

Si nous considérons les colonnes relativement à leur profondeur, il y en a encore trois espèces : 1° à distance entière, afin d'offrir moins de prise à l'artillerie ; 2° à distance de masse, c'est-à-dire, à 12 mètres entre chaque escadron. On occupe ainsi beaucoup moins de terrain ; les déploiements sont plus rapides. La colonne est beaucoup mieux dans la main de son chef. Elle peut se porter rapidement dans toutes les directions ; mais en même temps elle offre beaucoup de prise au canon, et les déploiements face à droite ou à gauche sont beaucoup plus lents. 3° Quand la cavalerie charge en colonne, les subdivisions prennent entre elles des distances égales au double de leur front.

Si, enfin, nous considérons les colonnes relativement à leur emploi, nous aurons des colonnes de marche, de manœuvres et d'attaque.

Les dernières ne doivent pas être trop profondes, de manière à pouvoir déployer rapidement. Du reste, la cavalerie, comme l'infanterie, manœuvre ordinairement sur le champ de bataille par division. C'est là l'unité du combat.

Des manœuvres. — Les manœuvres de la cavalerie sont calquées sur celles de l'infanterie et doivent remplir les mêmes conditions.

Comme elles sont beaucoup plus rapides, les erreurs commises dans leur exécution sont beaucoup plus difficiles à réparer. C'est pourquoi l'instruction de la cavalerie doit être plus complète que celle de l'infanterie, et l'effectif du pied de guerre doit être à peu près le même que celui du pied de paix.

Les manœuvres de la cavalerie française sont réglées par l'ordonnance du 6 décembre 1829, qui a succédé à l'ordonnance de 1er vendémiaire an XIII.

Les principales de ces manœuvres sont les suivantes :

1° Passer de l'ordre en colonne à l'ordre en bataille (présentant des cas nombreux) ;
2° Marcher soit en bataille, soit avec une ligne de régiments ou d'escadrons en colonne ;
3° Former les échelons ;
4° Changer de front ;
5° Exécuter les passages de ligne ;
6° Exécuter les passages de défilé ;
7° Passer de l'ordre en bataille à l'ordre en colonne.

Quelques-unes de ces manœuvres comprennent plusieurs des douze évolutions de l'ordonnance.

IV.

Des formations irrégulières de la cavalerie. — Elles comprennent les éclaireurs, les tirailleurs et les fourrageurs.

Les éclaireurs fouillent le terrain et assurent la sécurité de l'armée.

Les tirailleurs couvrent les dispositions et les manœuvres préparatoires de la cavalerie. Comme dans l'infanterie, on les réunit par 2. Ils forment alors 2 lignes qui se croisent en avançant ou en reculant. Ces tirailleurs font du bruit et de la fumée ; mais leur feu est peu redoutable, à cause de la nature de leur arme, et par suite du mouvement des chevaux.

Les fourrageurs s'emploient quand on veut donner une action offensive à la cavalerie à la débandade. On emploie les fourrageurs contre l'artillerie et quelquefois dans les pays très-accidentés ou dans les forêts de sapins.

Les formations irrégulières appartiennent plus particulièrement à la cavalerie légère. Son rôle principal consiste ensuite à éclairer l'armée. Ce rôle se trouve tracé dans le portrait suivant du général Steingel par Napoléon :

« Le général Steingel, dit-il, était un excellent offi-
« cier de hussards. Il avait servi sous Dumouriez aux
« campagnes du Nord. Il était adroit, intelligent,
« alerte. Il réunissait les qualités de la jeunesse à
« celles d'un âge avancé. C'était un vrai général
« d'avant-postes.

« Deux ou trois jours avant sa mort, il était entré
« le premier dans Lezegno. Le général français y
« arriva quelques heures après, et quelque chose dont
« on eût besoin, tout était prêt.

« Les défilés, les gués, avaient été reconnus.

« Des guides étaient assurés.

« Le curé, le maître de poste, avaient été interrogés.

« Des intelligences avaient été liées avec les
« habitants.

« Des espions étaient envoyés dans plusieurs di-
« rections.

« Les lettres de la poste saisies, et celles qui pou-
« vaient donner des renseignements militaires, tra-
« duites ou analysées.

« Toutes les mesures étaient prises pour former
« des magasins de subsistances afin de rafraîchir les
« troupes, etc..... »

Tels sont les principaux devoirs de la cavalerie légère. J'en ai parlé au commencement de la leçon, c'est pourquoi je ne m'étends pas davantage sur ce sujet.

Je termine ici l'étude de la cavalerie.

DOUZIÈME LEÇON.

I.

Considérations générales. — L'artillerie a longtemps figuré sur les champs de bataille sans être un des éléments tactiques des armées.

La tactique, en effet, se résume dans les engagements; quand un des éléments qui composent une armée ne peut prendre part aux engagements que dans des limites très-restreintes, cet élément ne peut être considéré que comme un accessoire d'une importance secondaire.

C'est ce qui arriva pour l'artillerie dans les premiers temps de son existence. Elle ne pouvait tirer que dans une seule position, et une fois établie, elle ne pouvait la quitter. Elle était parfois fort embarrassante; dans certains cas, elle pouvait devenir nuisible, comme à Pavie, où son immobilité entraîna la perte de la bataille.

A cette époque, l'artillerie n'était donc pas encore un des éléments principaux de la composition des armées. Elle ne le devint qu'au commencement du XVIIe siècle, quand Gustave-Adolphe la perfectionna.

et la rendit assez mobile pour qu'elle pût suivre les mouvements des troupes.

Depuis cette époque, nous la trouvons en quantité considérable dans toutes les armées européennes.

Les armées de Louis XIV eurent beaucoup d'artillerie.

A Fleurus, l'armée française avait 100 bouches à feu, à Malplaquet 200. — L'artillerie n'était pas alors répartie comme aujourd'hui et attachée aux diverses unités de l'organisation. Elle formait un grand parc d'où on la tirait pour une bataille et où elle rentrait après.

Les armées de Frédéric eurent également une artillerie nombreuse. A Zorndorf les Prussiens avaient 117 bouches à feu, à Torgau 244. C'est à Frédéric que l'on doit la création de l'artillerie à cheval.

Sous la République et sous l'Empire, on voit également dans les armées de grandes masses d'artillerie.

Et aujourd'hui l'artillerie est un des trois éléments principaux qui composent les armées.

Son matériel est devenu tellement mobile, qu'il peut suivre partout la cavalerie et l'infanterie.

La proportion adoptée pour l'artillerie, dans la composition des armées modernes, est de deux pièces pour 1000 hommes d'infanterie, et quatre pour 1000 chevaux.

L'ensemble du personnel de l'artillerie d'une armée représente le 1/8 ou le 1/10 de l'effectif de l'infanterie.

L'utilité de l'artillerie dans les divers modes d'existence des armées est incontestable.

Dans les marches, quelques pièces sont à l'avant-garde pour couvrir les déploiements et tenir l'ennemi à distance. Dans les retraites, les batteries de l'arrière-garde sont le meilleur moyen de ralentir la poursuite.

Dans les camps et sur les positions, l'artillerie occupe les saillants, les points d'appui, les postes avancés.

Enfin dans les batailles, c'est elle qui couvre les déploiements des troupes, qui contre-bat l'artillerie opposée, qui renverse des parties entières de l'ordre de bataille ennemi à de grandes distances, qui prépare les charges de la cavalerie, précède les colonnes d'attaque et prépare de même leur effet.

Dans la défensive, elle appuie les flancs de l'infanterie, fouille les couverts, bat les débouchés, croise ses feux en avant des points d'attaque.

Enfin dans les trois modes d'existence des armées, elle joue un rôle considérable.

Néanmoins, l'artillerie n'est, comme la cavalerie, qu'une arme secondaire, une arme accessoire, quand on la compare à l'infanterie.

Elle ne réunit pas les deux propriétés du feu et du choc. Elle n'a que la première, comme la cavalerie n'a que la seconde.

Elle ne peut pas se suffire à elle-même et elle a toujours besoin de troupes de soutien.

Son matériel est lourd, embarrassant, coûteux. Il exige beaucoup de chevaux.

L'instruction qu'elle comporte est longue et compliquée.

La marche est souvent lente, ce qui embarrasse dans beaucoup d'opérations.

Par suite de ces inconvénients, l'artillerie n'occupe qu'une place secondaire parmi les éléments tactiques qui entrent dans la composition d'une armée.

Attributions de l'artillerie. — Ses attributions comprennent trois espèces de services :

1° Le service des bouches à feu. C'est particulièrement à ce point de vue que nous considérerons l'artillerie.

2° La confection et la réparation des armes de guerre, ainsi que la confection et le transport des munitions. C'est elle qui dirige nos manufactures d'armes à feu, Tulle, Mutzig et Saint-Étienne, et notre manufacture d'armes blanches, Châtellerault.

3° Enfin la construction des ponts de bateaux.

II.

Organisation de l'artillerie. — Il y a deux choses à considérer dans cette organisation.

1° Le matériel ;
2° Le personnel.

Le matériel a varié suivant les époques. Depuis Louis XIV, nous avons eu en France le système Vallière, celui de Gribeauval, celui du comité, celui de l'Empereur, et enfin les canons rayés.

Chaque système comporte :

1° Une artillerie de campagne ;
2° Une artillerie de siège ;
3° Une artillerie de place ;
4° Une artillerie de montagne.

Depuis l'origine de l'artillerie, la tendance générale est vers une simplification aussi complète que possible des pièces et des voitures.

Le système du comité comportait 2 espèces de pièces : le 8 et le 12 ; et 2 espèces d'obusiers : de 15 et de 16 centimètres.

Le système de l'Empereur n'admit plus qu'une seule espèce de bouche à feu : le canon-obusier de 12, et momentanément le canon léger de 12 , ancien 8 foré au calibre de 12.

Aujourd'hui la nouvelle pièce, qui est rayée comme les fusils d'infanterie, qui a une portée de 2,400 à 3,000 mètres et une légèreté comparable à l'ancien 4, paraît devoir suffire aux besoins d'une campagne. Néanmoins la question n'est pas encore résolue d'une manière définitive.

L'artillerie de siége et celle de place comprennent du 12, du 16 et du 24, un obusier de 22 cent. et des mortiers de divers calibres.

L'artillerie de montagne se compose d'obusiers de 12.

Ces trois espèces d'artillerie se transforment en ce moment, comme l'artillerie de campagne ; on cherche, au moyen des rayures, à augmenter la portée, la justesse, la force de pénétration, en un mot, la puissance d'action de chaque pièce.

Indépendamment des pièces , le matériel de l'artillerie comprend encore des voitures de toute espèce : caissons, forges, chariots de batterie, chariots de parc, chariots porte-corps, etc., etc.

Tel est l'ensemble du matériel de l'artillerie, dont les détails appartiennent au cours d'artillerie proprement dit.

Quant au personnel, il comprend :

1° De l'artillerie à cheval, particulièrement destinée à suivre la cavalerie ;

2° De l'artillerie montée, pour les divisions d'infanterie ;

3° Enfin, de l'artillerie à pied, pour les parcs et les places fortes.

L'artillerie à cheval et l'artillerie montée forment l'artillerie de bataille.

Celle-ci est organisée par batteries.

La batterie est l'unité tactique de l'artillerie, comme le bataillon est l'unité tactique de l'infanterie, comme l'escadron est l'unité tactique de la cavalerie.

La batterie se compose de 6 ou de 8 pièces : 6 en France, 8 en Russie, en Autriche et en Prusse.

Le personnel d'une batterie, en France, varie entre 210 et 225 canonniers environ ; les chevaux entre 210 et 260, selon que les batteries sont des batteries montées ou des batteries à cheval.

Les voitures de la batterie sont environ au nombre de 30, en y comprenant les pièces.

La composition de ces voitures varie selon que la batterie doit être attachée à de l'infanterie ou à de la cavalerie.

Quand la batterie est destinée à l'infanterie, il y a parmi les voitures six caissons de cartouches ; quand elle est destinée à la cavalerie, il n'y a plus que 2 caissons de cartouches.

L'ensemble de la batterie se divise en deux parties. La 1re partie comprend 6 pièces et 6 caissons chargés ; elle est dite *batterie de manœuvre*.

La 2e partie comprend les autres voitures et forme la *réserve*, sous les ordres du capitaine en 2e.

La batterie de manœuvre se subdivise en 3 sections. Chaque section comprend 2 pièces ; les sections des ailes sont commandées par les lieutenants ou sous-lieutenants de la batterie ; celle du centre par l'adjudant. Chaque pièce est commandée par un sous-officier, et c'est là l'unité inférieure de l'arme. Ensuite viennent, comme je le disais tout à l'heure, la section, la demi-batterie et la batterie.

Deux ou trois batteries forment le commandement d'un chef d'escadron.

4, 6 ou 8 batteries forment une réserve d'armée ou de corps d'armée, et sont commandées par un colonel ou un lieutenant-colonel.

Telle est l'organisation tactique de l'artillerie.

Propriétés tactiques. — Quant à ses propriétés tactiques, l'artillerie n'en a qu'une seule, la propriété de feu.

Mais ses feux sont extrêmement puissants.

Ses projectiles ont une grande portée et une grande force de pénétration.

Son tir à mitraille embrasse une grande surface de terrain..

Ses projectiles creux passent derrière les obstacles; leurs éclats ont des effets très-destructeurs.

L'artillerie exerce sa propriété de feu au moyen de plusieurs espèces de tir :

1° Il y a d'abord le *tir à ricochets*, quand le boulet touche plusieurs fois le sol, et se relève plusieurs fois avant la fin de sa course. Le ricochet est tendu quand l'angle de la pièce avec l'horizon est assez faible, 6°, par exemple. Il est plongeant quand cet angle est plus fort, quand il est, par exemple, de 12°.

2° Ensuite vient le *tir de plein fouet*, quand on tire directement sur le but à atteindre et que le projectile le frappe sans toucher le terrain en avant.

3° Puis le tir à mitraille, quand on emploie des boîtes à balles et que l'on veut battre de grandes surfaces de terrain à de petites distances, 4 ou 500 mèt., par exemple.

4° Enfin le tir à obus. — L'obus agit comme boulet par son choc, et ensuite comme mitraille par ses éclats. C'est ce que fait le projectile de la nouvelle pièce.

Généralement le tir à ricochets s'emploie au début

d'un engagement ; on tire ainsi sur les premières troupes de l'ennemi, à de grandes distances et lentement.

On emploie le tir de plein fouet quand l'ennemi se rapproche.

Quand il se rapproche plus encore, à 4 ou 500 mèt., par exemple, on tire à mitraille et aussi vite que possible.

Le tir à obus s'emploie contre les ouvrages et aussi contre la cavalerie ; il effraie beaucoup les chevaux.

Diverses espèces de batteries. — Quand on considère les batteries, relativement à leur emplacement sur les champs de bataille, on en distingue cinq espèces :

1° Les batteries directes, qui tirent directement sur l'ennemi ;

2° Les batteries d'écharpe, dont le tir est oblique par rapport au but à atteindre ;

3° Les batteries d'enfilade, qui sont placées de manière à enfiler une des parties de l'ordre de bataille ennemi ;

4° Les batteries de revers, qui sont établies de manière à voir les derrières de l'ennemi ;

5° Enfin les batteries croisées, comme 1 et 2, qui croisent leurs feux sur le même point. (*Fig*. 17, *pl*. 2.)

L'emplacement d'une batterie, quelle qu'elle soit, doit toujours être choisi d'après les règles suivantes :

1° L'emplacement de la batterie ne doit pas gêner les mouvements des troupes.

2° Il faut masquer les pièces par des accidents naturels, des ressauts de terrain, des haies, etc. ;

3° Le sol de la batterie doit être ferme et plan, de manière que la crosse et les roues de chaque pièce soient à la même hauteur ; le terrain en avant doit être mou, de manière à arrêter les boulets ennemis et à ne pas permettre le ricochet ;

4° Il faut, en arrière ou sur les flancs, des abris pour les troupes de soutien et la section de réserve ;

5° La batterie doit avoir un commandement de 8 à 12 mètres au-dessus du terrain environnant.

6° Enfin il ne faut pas que la batterie puisse être prise elle-même d'écharpe ou d'enfilade ; ou du moins il faut être sûr d'obtenir l'effet voulu avant que les pièces soient démontées.

Telles sont les conditions principales que l'on doit rechercher dans l'emplacement d'une batterie.

Emploi de l'artillerie —Le premier principe dans l'emploi de l'artillerie est de diriger son feu principalement sur les troupes de l'ennemi. On emploie ainsi la moitié ou les deux tiers des pièces dont on dispose. Le reste est destiné à contre-battre l'artillerie ennemie, à lui répondre, à l'inquiéter, à attirer son feu.

On laisse derrière chaque batterie des intervalles qui sont destinés à devenir les égouts des boulets. Il est dangereux de placer de l'artillerie devant les troupes. Les coups qui manquent la batterie atteignent alors les troupes.

Les batteries placées devant la ligne de bataille sont à 2 ou 300 mètres de l'infanterie, de manière à en être protégées. Quelquefois la nature du terrain exige qu'on les éloigne davantage. On donne alors à chaque batterie un soutien particulier.

En Autriche, ce soutien est permanent. Il se compose, pour chaque batterie, de 1 officier, 4 sous-officiers et 24 carabiniers.

Quoi qu'il en soit, dans un ordre de bataille, on

divise l'artillerie dont on dispose en 2 parties : l'une, qui reste à la réserve et qui est destinée à parer aux diverses éventualités ; l'autre qui forme les batteries dont je parlais tout à l'heure, placées devant la première ligne de l'ordre de bataille.

Dans la défensive, ces batteries croisent leurs feux en avant des points à défendre et s'appliquent à bien battre les débouchés par lesquels l'ennemi peut se présenter ; elles dirigent des obus sur les lieux fourrés et dans les chemins creux où il pourrait s'embusquer ; elles ne doivent pas être disséminées, sans quoi elles produiraient peu d'effet, et consommeraient beaucoup de munitions.

Quand on emploie de l'artillerie dans les carrés isolés, on place une ou deux pièces dans les secteurs sans feu et dans la direction des diagonales.

Si ce sont des carrés combinés, on met l'artillerie dans les intervalles, et toujours dans les secteurs sans feu. Quand la cavalerie charge, les canonniers se réfugient dans l'intérieur des carrés ou se jettent entre les roues, se couchent sous les affûts et s'y défendent avec les leviers de pointage et les écouvillons.

Quand la charge est passée, ils recommencent le feu, comme l'artillerie anglaise à Waterloo.

Voilà les principes généraux de l'emploi de l'artillerie dans la défensive.

Dans l'offensive, l'artillerie couvre les dispositions des colonnes, bat le point que l'on veut attaquer, de manière à ruiner les défenses, renverser les obstacles, ouvrir les ouvrages de fortification, éteindre le feu de l'ennemi. Elle continue son feu jusqu'à ce que les troupes en arrivent au combat corps à corps.

Son action dans l'offensive est surtout une action

préparatoire. Elle prépare les attaques que l'infanterie décide.

Elle exerce cette action préparatoire dans la progression suivante :

Elle commence par éteindre le feu des batteries ennemies qui couvrent le point d'attaque.

Il lui faut alors la supériorité du nombre, de la position et du calibre. Cette dernière est surtout avantageuse aux grandes distances.

Quelquefois on éteint le feu de l'ennemi par une attaque vive et brusque ; alors, au lieu de chercher à démonter les pièces, on cherche à mettre les canonniers hors de combat. Pour cela, une batterie d'artillerie légère arrive au galop à 300 ou 400 mètres de l'ennemi, et tire coup sur coup plusieurs fois à mitraille.

Puis, quand on a pris la supériorité sur l'artillerie ennemie et éteint son feu, au moins en partie, les colonnes d'attaque s'avancent. Les batteries marchent sur leurs flancs et tirent, en avançant, jusqu'à ce que les colonnes d'attaque soient engagées directement avec l'ennemi.

L'artillerie prépare de même les charges de la cavalerie, qui doivent seconder ou compléter les attaques de l'infanterie. Pour préparer une charge de cavalerie, l'artillerie à cheval se porte au galop en avant du flanc de la colonne ; elle commence à petite portée un feu vif, qui ébranle l'ennemi et qui prépare le succès de la charge. Quand la charge est dirigée contre l'infanterie, l'artillerie à cheval peut approcher avec assurance jusqu'à 300 mètres. — A cette distance, le feu de l'infanterie est encore très-incertain, ou plutôt était très-incertain. Ce feu a acquis aujourd'hui une bien plus grande portée.

On emploie encore l'artillerie dans les ouvrages. Elle tire alors à barbette ou à embrasures.

Elle tire à barbette quand elle doit embrasser un grand espace de terrain; elle tire à embrasures quand la direction du tir est bien connue. Les coups sont alors plus certains et les canonniers plus à l'abri.

Il est rare qu'en campagne on ait le temps d'élever des ouvrages complets. On se contente le plus souvent d'une levée en terre de 0^m,80 à 1 mètre, avec un fossé en avant et deux petits fossés à droite et à gauche de chaque pièce, pour abriter les canonniers.

Enfin l'artillerie joue encore un grand rôle dans les retraites et dans les poursuites.

Dans les retraites, l'artillerie couvre les troupes en se plaçant aux extrémités des lignes d'infanterie. Elle défend l'entrée des défilés. Elle soutient l'arrière-garde.

L'artillerie de l'arrière-garde se partage ordinairement en deux sections. L'une se met à la tête et l'autre à la queue de la colonne. Celle-ci s'arrête de temps en temps pour retarder la poursuite de l'ennemi. Elle marche à la prolonge, soutenue de quelques pelotons de cavalerie. Elle se tient sur la route, quand cette route est un défilé. Elle tâche de suivre les côtés dans le cas contraire, et de croiser ses feux sur la route même.

L'artillerie de la tête prend position quand elle rencontre un emplacement favorable. L'on tâche alors d'attirer l'ennemi sous son feu. Elle remplace ensuite l'artillerie de la queue.

Les deux sections font ainsi une espèce de retraite par échelons.

C'était la méthode employée par le maréchal Marmont dans la campagne de France.

Dans les poursuites, l'artillerie est employée à renverser les carrés, à battre les postes où l'ennemi paraît vouloir tenir. Elle prend en même temps les colonnes en écharpe. Elle y fait des trouées qui préparent les charges de la cavalerie. Elle poursuit l'ennemi de ses boulets.

Tels sont les principes généraux de l'emploi de l'artillerie dans les principales circonstances de la guerre.

III.

Formations de l'artillerie. — L'artillerie n'a que des formations régulières.

Ces formations sont analogues à celles de l'infanterie et de la cavalerie.

Elles sont au nombre de trois :

Formation en bataille ;
Formation en batterie ;
Formation en colonne.

Dans la formation en bataille, la tête des chevaux est tournée vers l'ennemi. L'intervalle entre les pièces est de 12 mètres pour l'artillerie montée, et de 15 mètres pour l'artillerie à cheval.

La distance entre les pièces et les caissons est de 1 mètre. Les caissons sont sous le commandement du maréchal des logis chef.

Le front d'une batterie en bataille est d'environ 80 mètres.

L'intervalle entre les batteries est double de celui entre les pièces, 24 ou 30 mètres.

La formation en bataille présente deux modifications : l'ordre en échelons, par batteries, demi-batteries ou sections, et l'ordre en échiquier ; ce dernier peu employé.

La seconde formation de l'artillerie est la formation en batterie.

Les pièces font alors face à l'ennemi.

Les avant-trains et les caissons sont placés sur deux lignes parallèles à celle des pièces.

La distance entre les leviers de pointage des pièces et la tête des chevaux des avant-trains est de 6 mètres.

La distance entre les avant-trains et les caissons est de 10 mètres.

La formation en batterie est la formation de combat.

Enfin la troisième formation de l'artillerie est la formation en colonne, présentant des subdivisions ou des unités égales placées les unes derrière les autres.

La formation en colonne pour l'artillerie, comme pour les autres armes, est toujours une formation de route, de manœuvre et d'attaque.

On forme la colonne par batterie, par demi-batterie, par section et quelquefois par pièce.

Les colonnes par section présentent des distances de 1 mètre entre les différentes voitures.

Les colonnes par batterie présentent des distances égales à l'intervalle entre deux pièces, 12 ou 15 mètres, de manière à permettre les mouvements à droite et à gauche, comme dans la colonne serrée de cavalerie.

L'artillerie emploie, comme l'infanterie, la colonne d'attaque ou colonne double, formée sur la section ducentre et avantageuse à cause de la rapidité de son déploiement.

Telles sont les formations de l'artillerie. Sur un champ de bataille, les distances et les intervalles se modifient suivant les formes du terrain.

Des manœuvres. — Les manœuvres de l'artillerie sont calquées sur celles des autres armes.

Les principales sont les suivantes :

1° Passer de l'ordre en colonne à l'ordre en bataille ;
2° Marcher soit en colonne, soit en bataille ;
3° Se former en batterie ;
4° Exécuter les feux ;
5° Former les échelons ;
6° Changer de front ;
7° Passer le défilé ;
8° Passer de l'ordre en bataille à l'ordre en colonne.

Les moyens d'exécution de ces manœuvres ressemblent beaucoup à ceux de la cavalerie, en considérant une section d'artillerie comme correspondant à un peloton de cavalerie.

Si les batteries étaient de 8 pièces et de 4 sections, l'analogie serait plus complète encore.

Avant de quitter l'artillerie, je dois dire deux mots sur les schrapnells et les fusées, deux questions ayant de l'actualité et qu'un officier d'état-major doit connaître.

Les schrapnells sont des obus chargés de balles. Ils éclatent à de grandes distances et lancent alors une gerbe de balles de plomb et d'éclats de fonte. C'est de la mitraille portée à 1200 mètres. Ce tir est surtout redoutable à la cavalerie.

Les fusées à la Congrève ont une tête formée par un petit obus ou par des projectiles incendiaires. La queue de la fusée se termine par une hampe directrice.

Le maréchal Marmont prédisait à ces fusées un grand avenir.

Jusqu'à présent leur effet n'a pas été celui qu'on en attendait.

IV.

Des corps hors ligne. — Nous avons vu les trois armes principales qui entrent dans l'organisation des armées actives.

Après ces trois armes viennent les corps hors ligne, qui secondent et qui complètent l'action des premiers et qui ont aussi leur organisation, leurs propriétés, leurs formations et leurs manœuvres.

Le premier de ces corps est le génie. Il joue le rôle principal dans la guerre de siége, mais seulement un rôle secondaire en campagne.

Je ne m'en occupe qu'à ce second point de vue.

Son unité tactique est alors la compagnie de 150 à 200 hommes, avec une prolonge à quatre chevaux portant des outils et du matériel.

Son rôle est d'améliorer les voies de communication, de réparer les passages qui ont été détruits, de jeter des ponts à supports fixes, d'élever sur les champs de bataille des ouvrages de fortification, et de créer sur les théâtres d'opérations des postes de campagne ou des places du moment.

Le génie est évidemment en trop petit nombre dans une armée, pour exécuter ces divers travaux; mais il les conduit, et il emploie alors de l'infanterie, ou des ouvriers civils, requis ou payés.

Les armées comprennent encore des détachements

du train des équipages. Ceux-ci sont exercés à la conduite des voitures, de manière que l'on puisse mettre en ordre et remuer facilement la masse des bagages de l'armée.

Le train a, par suite, sa tactique particulière, toujours calquée sur celle des autres armes.

Après le train, nous trouvons encore dans une armée, une compagnie de pontonniers, manœuvrant un équipage de 60 ou 80 bateaux, ce qui est suffisant pour un fleuve de 240 à 300 mètres de large. Cette compagnie possède tout ce qui est nécessaire pour construire et réparer son équipage.

Enfin, et seulement pour mémoire, je dirai que l'on trouve encore dans une armée, comme corps hors ligne, des détachements de gendarmerie et des ouvriers d'administration pour l'exécution des divers services.

Connaissant maintenant l'organisation, les propriétés et la tactique élémentaire des différentes armes qui entrent dans la composition d'une armée, nous pouvons aborder les détails de l'organisation de cette armée.

TREIZIÈME LEÇON.

Combinaison des différentes armes entre elles. — Principes suivis pour
faire combattre les trois armes simultanément.

Force et composition des armées actives. — Leur organisation en
brigades, divisions et corps d'armée. — Des brigades mixtes. — Des
corps de réserve.

Des états-majors et des services administratifs.

I.

Nous avons étudié chaque arme prise isolément.
Nous connaissons son organisation particulière, ses
propriétés tactiques, ses formations, etc...

En combinant les différentes armes entre elles, on
obtient de nouvelles unités, dont nous allons étudier
les propriétés.

La combinaison des différentes armes entre elles
peut avoir lieu de quatre manières différentes :

1° L'infanterie peut être combinée avec l'artillerie ;

2° La cavalerie avec l'artillerie ;

3° L'infanterie avec la cavalerie ;

Et enfin, 4° les trois armes peuvent être combinées
ensemble, infanterie, cavalerie et artillerie.

Nous allons voir successivement ces quatre combinaisons.

Infanterie et artillerie. — Ces deux armes combattent
de la même manière, c'est-à-dire de pied ferme ; elles
agissent par leurs feux. Il est facile de combiner leur
action et de les faire combattre ensemble.

On réunit 8 ou 10 bataillons d'infanterie avec 1 ou

2 batteries d'artillerie, et l'on obtient ainsi l'unité que j'ai appelée déjà division d'infanterie.

Cette unité fournit beaucoup de feux, présente une grande solidité, mais peu de légèreté.

Une armée qui serait composée de cette manière, c'est-à-dire d'infanterie et d'artillerie, sans cavalerie, — ou du moins n'ayant que très-peu de cavalerie, — cette armée ne saurait s'éclairer au loin. De plus, elle pourrait gagner des batailles, comme nous l'avons fait en 1813, à Lutzen et à Bautzen, mais elle ne saurait profiter de ses succès.

Cavalerie et artillerie.—L'artillerie à cheval étant devenue extrêmement mobile et pouvant suivre la cavalerie, il y a possibilité de combiner l'action de ces deux armes.

On réunit 16, 20 ou 24 escadrons de cavalerie, avec 1 batterie d'artillerie, et on obtient ainsi la division de cavalerie.

Cette combinaison réunit la mobilité, les feux et le choc. Elle est excellente pour les plaines, pour les pays faciles et découverts. Mais elle peut échouer devant le moindre obstacle. — De plus elle présente peu de solidité.

Infanterie et cavalerie.—Cette combinaison jouit de deux propriétés : le feu et le choc, mais ses feux sont de petite portée et ne sauraient renverser des obstacles. — Elle offre une certaine solidité et elle présente surtout beaucoup de légèreté.

Elle est bonne pour les petites opérations en pays difficile, pour les marches rapides, pour les corps de partisans.

Je trouve un exemple remarquable de son emploi dans la guerre d'Espagne en 1808.

Le général Gouvion Saint-Cyr, voulant délivrer Barcelone et ayant à traverser la Catalogne par des chemins difficiles, au milieu de plusieurs armées ennemies, rassemble ses troupes sur la Fluvia. Il dispose de 17 à 18 mille hommes. Il se débarrasse de son artillerie et de ses bagages. Il part avec son infanterie et sa cavalerie seulement. Il emmène les chevaux d'artillerie haut le pied. Il n'emporte que 60 cartouches par homme et 8 jours de vivres.

Deux routes s'offraient à lui. Il en profite habilement pour passer de l'une à l'autre, grâce à la légèreté de sa colonne et pour tromper ainsi la première armée espagnole. Il la devance d'une marche. Il passe sur le ventre de la seconde armée à Cardedeu, en s'emparant de ses canons. Il repousse vigoureusement les corps qui harcèlent ses flancs. Il arrive enfin heureusement à Barcelone, qu'il délivre.

Il obtient ce résultat favorable grâce à la légèreté et à la mobilité de la combinaison de troupes qu'il a adoptée.

Mais cet exemple s'applique plutôt au mouvement qu'au combat.

Dans le combat, on ne combine que rarement l'infanterie et la cavalerie. Leur manière d'agir est tout à fait différente. L'une combat de pied ferme. L'autre agit par son choc. Par suite il est difficile de les faire agir simultanément.

Aussi, généralement aujourd'hui, l'on forme des divisions particulières d'infanterie et de cavalerie qui combattent à côté l'une de l'autre pour le même but, mais sans se confondre, en restant séparées et en ayant une action tout à fait distincte.

Combinaison des trois armes. — Enfin nous arrivons à la

combinaison des trois armes, qui forme le véritable instrument de guerre.

Cette combinaison présente à la fois les propriétés de feu, de choc, de solidité et de mobilité.

Je vais indiquer rapidement la manière d'appliquer ces diverses propriétés sur les champs de bataille et comment on combine les trois armes quand il s'agit de les faire combattre simultanément.

Comme nous l'avons vu, l'action de l'infanterie est tout à fait distincte de celle de la cavalerie.

L'action de l'artillerie au contraire se combine avec celle des deux autres armes.

Alors l'infanterie, organisée en divisions et combinée avec ses batteries d'artillerie, forme le centre de l'ordre de bataille, — en raison de sa solidité et parce qu'elle est propre à la fois à l'offensive et à la défensive. Elle est généralement disposée sur 3 lignes : 1re ligne, 2e ligne et réserve.

L'artillerie est divisée en 2 parties. Celle qui est attachée à l'infanterie forme 2 ou 3 fortes batteries devant le centre et les ailes de l'ordre de bataille. Elle doit à la fois contre-battre l'artillerie ennemie et tirer sur les troupes. La deuxième partie de l'artillerie se trouve à la réserve.

La cavalerie, organisée aussi en divisions et combinée avec l'artillerie légère, est placée aux ailes de l'ordre de bataille, en deuxième ligne derrière l'infanterie, ou à la réserve.

Elle agit d'une manière tout à fait distincte de l'infanterie. Son action est toute de mouvement. Celle de l'infanterie a lieu de pied ferme.

Il faut bien se garder d'encadrer la cavalerie dans des lignes d'infanterie ; comme toute la force de la première arme est dans sa célérité, elle se verrait paralysée par la lenteur des lignes d'infanterie, à laquelle elle serait obligée de subordonner tous ses mouvements. Comme elle ne pourrait soutenir alors ni le feu, ni le choc de l'ennemi, elle serait bientôt forcée de se retirer, et elle laisserait par son départ un vide dans la ligne, qui pourrait devenir fort dangereux, ainsi que nous l'avons éprouvé à Hochstedt.

En résumé les 3 armes doivent s'appuyer mutuellement et occuper, les unes par rapport aux autres et par rapport au terrain, les positions les plus favorables à leur action.

Tels sont les principes généraux de l'emploi simultané des trois armes.

C'est d'après ces principes que l'on a déterminé l'organisation des armées actives.

II.

Principes d'organisation des armées actives. — Deux puissances sont sur le point d'en venir aux mains. Elles organisent leurs armées actives, une, deux ou trois armées, suivant le nombre des théâtres où l'on peut opérer.

Je prends l'une de ces armées, pour suivre les détails de son organisation.

Il faut avant tout déterminer la force de cette armée.

Celle-ci dépend des considérations suivantes :

1° De la nature de la guerre, qui peut être offensive ou défensive ; de l'importance du but à atteindre ; de l'objet que l'on se propose. Une armée offensive sera toujours plus forte qu'une armée destinée à faire une campagne défensive. Dans le premier cas, on s'éloigne de ses réserves ; dans le deuxième cas, on s'en rapproche ;

2° La force de l'armée dépendra de la force de l'armée ennemie ;

3° De l'étendue et de la nature du théâtre d'opérations, ainsi que des ressources qu'il présente ;

4° Des dispositions favorables ou hostiles des populations.

5° Enfin de la durée probable des opérations.

On détermine ainsi la force numérique de l'armée que l'on veut organiser.

Puis, l'on pose d'une manière générale les bases de sa composition.

Elle sera plus ou moins forte en cavalerie et en artillerie, suivant que le théâtre d'opérations se prêtera plus ou moins à l'emploi de ces différentes armes, suivant que l'ennemi en aura peu ou beaucoup, suivant que les troupes seront plus ou moins jeunes, solides, instruites, enfin suivant que le système militaire du pays comportera un plus ou moins grand nombre de troupes de cette espèce.

Généralement, dans les conditions ordinaires, on adopte pour les différentes armes les proportions suivantes :

L'infanterie étant 1, le 1/5 sera composé d'infanterie légère, voltigeurs et chasseurs à pied.

La cavalerie varie du 1/6 au 1/8, c'est-à-dire qu'il y a à peu près un escadron pour un bataillon.

Et dans la cavalerie, le chiffre de la cavalerie légère est d'autant plus fort que le chiffre général de la cavalerie est plus faible.

Pour l'artillerie, son effectif se calcule de deux manières, par le matériel ou par le personnel.

Avec la première méthode, l'on dit qu'il faut deux pièces par 1000 hommes d'infanterie, et trois ou quatre pièces par 1000 chevaux.

Cette proportion n'est pas invariable. Elle est d'autant plus forte que les armées sont plus inexpérimentées. L'artillerie soutient le moral des troupes. Cependant, au delà d'une certaine limite, elle devient embarrassante.

Avec la deuxième méthode, c'est-à-dire quand on veut calculer le chiffre de l'artillerie par le personnel, on lui donne alors un effectif égal au 1/8 ou au 1/10 de celui de l'infanterie.

Le génie sera environ le 1/40 de l'infanterie. Pour la guerre de siége, ce chiffre devient beaucoup plus considérable.

Les états-majors et les divers services se calculent ensuite en raison de l'organisation de l'armée.

Par exemple, une armée de 100,000 hommes comprendra :

    75,000 fantassins ;
    12,000 cavaliers ;
     8,000 artilleurs ;
     2,000 sapeurs du génie,
et 3,000 hommes appartenant aux états-majors et aux service sadministratifs.

L'artillerie comprendra environ 200 bouches à feu.

Tels sont les principes relatifs à la force et à la composition d'une armée active, ainsi qu'à la proportion relative des différentes armes.

Nous arrivons maintenant aux principes d'organisation dont j'ai déjà dit quelques mots dans la première partie du Cours.

Avant la Révolution, l'infanterie était formée par régiments.

Plusieurs régiments formaient une brigade; unité instituée par Turenne en 1667, et imitée de Gustave-Adolphe.

Plusieurs brigades formaient chacune des lignes de l'ordre de bataille : première et deuxième ligne.

Chaque ligne se subdivisait en deux parties : aile droite, aile gauche.

Et la brigade, l'aile et la ligne formaient les différentes unités de l'organisation d'une armée sous Louis XIV.

Cette armée marchait alors sur deux colonnes, par lignes;

Ou sur quatre colonnes, par ailes.

La cavalerie se mettait sur les flancs.

L'artillerie était répartie sur le front.

Les généraux étaient tous au quartier général. Ils n'avaient pas de commandement permanent; ils commandaient à tour de rôle, et par rang d'ancienneté, les grandes fractions de l'armée, lignes ou ailes; et un général en chef, qui voulait charger un général sous ses ordres d'une opération particulière, était obligé d'attendre pour cela que son tour fût venu.

D'après Feuquières, les officiers généraux d'une armée étaient :

Le général en chef;
Les lieutenants généraux;
Les maréchaux de camp;
Les brigadiers.

L'état-major se composait :

D'un maréchal général des logis, chef d'état-major;
D'un major général de l'infanterie;
D'un maréchal des logis de la cavalerie;
D'un major général des dragons.

Le service administratif était fait par un intendant d'armée et des commissaires des guerres.

Il y avait de plus :

    1 commandant de l'artillerie pour l'artillerie et les pontons;
    1 prévôt de l'armée ;
    1 vaguemestre général, etc.

A la Révolution, les armées furent organisées en divisions. La division avait été créée en 1770, par le maréchal de Broglie.

Les divisions de la République étaient fortes de 10 à 12,000 hommes en moyenne. Elles comprenaient les trois armes :

    Infanterie, 2 ou 3 brigades ;
    Cavalerie,   1 régiment ou 1 brigade ;
    Artillerie,   2 ou 3 batteries.

Elles avaient une certaine analogie avec les légions romaines.

La réunion d'un certain nombre de divisions formait une armée.

Sous l'Empire, on forma des divisions de diverses armes : divisions d'infanterie; divisions de cavalerie ; afin d'utiliser leur force d'ensemble, d'éviter le morcellement, la dispersion de certaines parties, par exemple de la cavalerie, qui, jusqu'alors disséminée sur certains points de l'ordre de bataille, ne produisait jamais que des effets très-secondaires.

Le système de l'Empire consistait à faire agir les différentes armes par masses :

    C'est-à-dire par divisions d'infanterie;
    —   par divisions de cavalerie ;
    —   par batteries de 30 à 40 bouches à feu.

Puis l'Empereur créa une nouvelle unité, le corps d'armée, comprenant 2, 3 ou 4 divisions d'infanterie, une division de cavalerie légère, et une réserve d'artillerie.

Aujourd'hui les principes suivis pour l'organisation des armées sont les mêmes que ceux de l'Empire.

Les armées sont encore organisées d'après le principe divisionnaire. Elles présentent des divisions distinctes d'infanterie et de cavalerie, à cause de la différence qui existe dans la manière de combattre de ces deux armes.

Comme nous l'avons vu dans les leçons précédentes, une division d'infanterie comprend ordinairement 2 brigades.

La 1re brigade est formée de 1 bataillon de chasseurs à pied et 2 régiments d'infanterie à 2 ou à 3 bataillons.

La 2e brigade comprend 2 régiments d'infanterie à 2 ou à 3 bataillons.

La division d'infanterie présente donc un ensemble de 1 bataillon de chasseurs et 8 ou 12 bataillons d'infanterie.

Sa force varie de 6,000 à 12,000 hommes; au-dessous de 6,000, elle est trop faible;—au-dessus de 12,000, elle devient trop forte.

On attache comme accessoires à une division d'infanterie :

1° 2 batteries d'artillerie (sous les ordres d'un chef d'escadron; on ne met qu'une batterie si la division est faible);
2° 1 compagnie du génie ;
3° 1 détachement du train des équipages ;
4° 1 section d'ambulance ;
5° 1 détachement d'ouvriers d'administration;
6° 1 piquet de cavalerie comprenant 1 maréchal des logis et 10 à 12 cavaliers pour les ordonnances et les escortes ;
7° 1 brigade de gendarmerie.

La division, ainsi constituée, est commandée par un général de division qui a auprès de lui un état-major divisionnaire et un sous-intendant militaire ou un adjoint chargé de l'administration.

Une division de cavalerie comprend ordinairement 2 brigades. Chaque brigade 2 régiments. Chaque régiment 4 ou 6 escadrons.

L'effectif de la division est donc de 16 ou de 24 escadrons, — et d'environ 2,000 à 2,800 chevaux.

On attache à cette division :

Une batterie d'artillerie à cheval ;
Un détachement du train ;
Une section d'ambulance.

On lui donne un état-major divisionnaire — et un sous-intendant militaire, ou un adjoint.

Voilà l'organisation des divisions soit d'infanterie, soit de cavalerie.

La division, comme je l'ai dit précédemment, est l'unité tactique par excellence. C'est avec elle que l'on combat et que l'on manœuvre sur les champs de bataille.

Dans les petites armées, la division est l'unité principale. J'entends par petites armées celles qui sont au-dessous de 60,000 hommes.

C'est par divisions qu'étaient organisées les armées suivantes :

L'armée d'Italie en 1796 ; 4 divisions d'infanterie et 1 division de cavalerie ;

Celle de Masséna, en 1805, également en Italie, 4 divisions d'infanterie, 2 de cavalerie ;

Celle du prince Eugène en 1809 ;

17.

Celle de Portugal, en 1808, sous Junot, 3 divisions d'infanterie et 1 division de cavalerie ;

La même, sous Marmont, en 1811 ;

L'armée d'Afrique en 1830 ;

L'armée du Nord, en Belgique, en 1831 ;

Enfin l'armée des Alpes, en 1848, 5 divisions d'infanterie, 1 de cavalerie.

Mais quand les armées deviennent plus nombreuses, quand elles dépassent 60,000 hommes, elles deviennent alors de grandes armées. La division ne suffit plus. Il faut employer dans leur organisation une nouvelle unité tactique, pour diminuer le nombre des intermédiaires entre le général en chef et les troupes.

Cette unité nouvelle est le corps d'armée, comprenant 2, 3 ou 4 divisions d'infanterie, avec une brigade ou une division de cavalerie légère et une réserve d'artillerie.

En 1800, l'armée d'Italie, sous le Premier Consul, comprend 4 corps de chacun 2 divisions d'infanterie et une brigade de cavalerie légère.

En 1805, la grande armée comprend 7 corps de 3 ou 4 divisions d'infanterie chacun, avec une division de cavalerie légère.

En 1807, la grande armée comprend 8 corps.

En 1809, à Wagram, elle en comprend 9.

En 1812, elle en comprend 10. — Quelques-uns, comme le 1er corps, celui du maréchal Davoust, ont jusqu'à 5 divisions d'infanterie et 1 division de cavalerie.

L'armée d'Orient, à la fin de la campagne, comprenait 3 corps.

L'armée d'Italie, en 1859, comprenait 5 corps, plus la garde et l'armée piémontaise.

Dans les grandes armées, indépendamment des corps d'infanterie, il y a aussi des corps de cavalerie, comprenant 2 ou 3 divisions et forts de 4 à 6,000 chevaux. Quelquefois même leur force va jusqu'à 10,000 chevaux. En 1812, la grande armée présentait 4 corps de cette force, formant un effectif de 40,000 chevaux; et comme il y avait 40,000 chevaux de cavalerie légère dans les corps d'armée d'infanterie, l'ensemble de la cavalerie française en Russie présentait un effectif d'environ 80,000 chevaux.

Les corps de cavalerie aussi nombreux sont difficiles à nourrir. Il est presque impossible avec eux de saisir l'à-propos des charges.

Le nombre de divisions qui paraît le plus rationnel pour la composition d'un corps d'armée d'infanterie est de trois.

Le corps d'armée appelé à agir seul a alors deux divisions en ligne et une en réserve.

Le chiffre 3 n'a pas la même importance pour les divisions et pour les brigades, parce que ces 2 unités sont rarement appelées à agir isolément, comme le corps d'armée.

Le nombre de corps d'armée qui paraît le plus rationnel pour une armée est de cinq.

Trois corps sont sur la ligne de bataille formant le centre et les deux ailes.

Le 4° corps forme une réserve partielle en arrière du point le plus important.

Le 5° corps forme la réserve principale.

On retrouve cette organisation dans les trois plus belles batailles de notre histoire : Austerlitz, Iéna et

Friedland, qui nous firent triompher des Autrichiens, des Prussiens et des Russes.

Je viens de parler d'un corps de réserve. — Parmi les corps qui composent une armée, il y en a toujours un qui a cette destination.

Ce corps comprend de l'infanterie d'élite, de la grosse cavalerie, et de nombreuses batteries d'artillerie à cheval ou de gros calibre, formant la réserve d'artillerie de toute l'armée.

A Austerlitz, la réserve était formée de 2 divisions d'infanterie : 1 division de la garde de 10 bataillons et 1 division des grenadiers Oudinot, 10 bataillons.

La cavalerie de réserve était formée par la cavalerie de la garde.

L'artillerie de réserve par celle de la garde.

Pendant tout le reste de l'Empire, la réserve était toujours formée par la garde impériale, pour les grandes armées où se trouvait l'Empereur. Et la garde représentait toujours à peu près la valeur d'un corps d'armée.

On forme encore, dans une armée, des divisions mixtes, ou des brigades mixtes, destinées au service des avant-gardes ou des corps détachés.

Une brigade mixte, formant l'avant-garde d'un corps d'armée, comprendra 1 bataillon de chasseurs, 1 ou 2 régiments de cavalerie légère et 1 batterie d'artillerie.

En 1809, l'avant-garde du 1ᵉʳ corps, sous les ordres de Montbrun, comprenait 1 régiment d'infanterie légère, 1 brigade de cavalerie légère et 1 batterie.

Le premier corps sous les ordres du maréchal Davoust était fort d'environ 40.000 hommes.

III.

Des états-majors et divers services. — Nous venons de voir l'organisation des différentes armes qui composent l'armée et les grandes unités qu'elles forment.

Nous allons voir maintenant comment on organise le commandement de ces grandes unités, *brigades*, *divisions* et *corps d'armée*, et enfin le commandement de l'armée elle-même.

Nous verrons ensuite l'organisation des divers états-majors et des divers services que comporte une armée moderne.

Les brigades sont commandées par des généraux de brigade, et les divisions par des généraux de division.

Les uns et les autres doivent avoir surtout de la bravoure, de la santé, du coup d'œil tactique, qualités naturelles que l'on trouvait au plus haut degré chez les premiers généraux de la République.

Les corps d'armée sont commandés par des maréchaux de France ou par des généraux de division, qui reçoivent à cet effet une commission.

Enfin, l'armée est commandée par un général en chef, général de division, maréchal de France, quelquefois le souverain lui-même.

Les fonctions d'un général en chef sont à la fois politiques, militaires et administratives.

Politiques, car il peut être appelé à négocier un armistice, à entamer même des négociations plus sérieuses, comme Bonaparte en 1797.

Administratives, parce qu'il peut être appelé à organiser les pays conquis, à y surveiller les rouages de l'administration, de la justice, des finances, du culte, etc.

Militaires enfin, puisque c'est lui qui règle les mouvements de l'armée, et c'est là la partie principale de son rôle.

Dans une grande armée, l'action militaire du général en chef se fait sentir à distance. C'est surtout une action stratégique, un travail de cabinet, qui demande d'une manière toute particulière du coup d'œil ; non plus le coup d'œil tactique qui saisit les accidents du champ de bataille, mais le coup d'œil stratégique qui embrasse l'ensemble d'un théâtre d'opérations. Il faut alors percer l'obscurité qui enveloppe les positions et les mouvements de l'ennemi et deviner la route que l'on doit suivre pour arriver à son but.

Puis, quand le général en chef a arrêté ses projets, il doit les exécuter avec résolution.

Coup d'œil stratégique et résolution, voilà les deux principales qualités nécessaires dans le commandement d'une armée.

Personne, dans les temps modernes, ne les a possédées au même degré que Napoléon.

Son coup d'œil embrassait facilement l'ensemble d'un théâtre d'opérations. Il perçait à travers les avant-postes et les lignes de l'ennemi. Il reconnaissait immédiatement le point décisif et la route à suivre pour y arriver.

Il établissait alors ses projets.

On sait avec quelle vigueur, quelle résolution, il les exécutait.

Le général en chef, les généraux de corps d'armée, les généraux de division et les généraux de brigade forment l'état-major général de l'armée.

Chacun de ces généraux a auprès de lui un certain nombre d'officiers, aides de camp ou officiers d'ordonnance, destinés à le seconder dans l'exercice de son commandement.

Ensuite viennent les états-majors.

J'ai déjà dit que dans chaque division, d'infanterie ou de cavalerie, il y avait un état-major.

Cet état-major est ordinairement composé :

D'un colonel ou lieutenant-colonel, chef d'état-major ;
D'un chef d'escadron ;
De 2 ou 3 capitaines, adjoints.

Dans chaque corps d'armée, il y a de même un état-major de corps d'armée composé de :

1 général de brigade, chef d'état-major ;
1 chef d'escadron ;
4 capitaines, adjoints.

Enfin, à la tête de l'armée se trouve le grand état-major, qui comprend :

1 général de division, chef d'état-major ;
1 général de brigade ou un colonel, sous-chef ;
1 lieutenant-colonel ;
3 chefs d'escadron et 6 à 8 capitaines, adjoints.

Le chef d'état-major a des fonctions très-importantes et des pouvoirs très-étendus. Il entre dans le secret de toutes les opérations. Il en assure l'exécution.

A l'état-major général de l'armée se trouve ordinairement attachée une section topographique, comprenant cinq ou six officiers d'état-major.

L'artillerie et le génie ont ensuite leurs états-majors particuliers.

Nous avons vu comment ces deux armes étaient représentées dans les divisions.

Dans les corps d'armée, l'artillerie est commandée par un général de brigade, qui a auprès de lui un chef d'état-major et quelques officiers de l'état-major particulier de l'artillerie. Le génie est commandé par un officier supérieur, qui a sous ses ordres plusieurs capitaines de l'état-major de son arme.

Pour toute l'armée, l'état-major de l'artillerie est formé de :

> 1 général de division commandant l'artillerie, avec 2 aides de camp ;
> 1 colonel, chef d'état-major, avec un certain nombre d'adjoints ;
> 1 colonel directeur des parcs.

L'état-major du génie, pour l'armée, se compose d'un officier général qui prend le titre de commandant du génie de l'armée ;

> D'un officier général ou supérieur, chef d'état-major ;
> D'un officier supérieur, directeur des parcs ;

Enfin du nombre nécessaire d'officiers supérieurs ou capitaines de l'état-major du génie.

Tels sont les différents états-majors de l'armée.

Puis viennent les services administratifs.

Nous avons vu que, dans chaque division, il y avait un sous-intendant ou un adjoint.

Dans chaque corps d'armée, il y a un intendant ou un sous-intendant avec des adjoints, des directeurs et des employés pour les différents services.

Enfin, pour l'armée, il y a l'intendant général de l'armée, qui est chargé de toute l'administration et qui a près de lui le personnel nécessaire d'officiers de l'intendance, de directeurs, d'employés, etc.

Le service de santé est organisé de la manière suivante :

Chaque bataillon a son officier de santé avec ses cantines d'ambulance.

Chaque division a son ambulance divisionnaire, comprenant un personnel d'officiers de santé et d'infirmiers, avec un certain nombre de caissons d'ambulance, ordinairement 5 caissons, chacun d'eux contenant 2,000 pansements.

Chaque corps d'armée a le personnel et le matériel nécessaires pour créer un hôpital temporaire.

Enfin, auprès du général en chef se trouvent les chefs du service de santé avec des moyens matériels proportionnés aux besoins.

Le service du trésor est organisé dans chaque corps d'armée et pour toute l'armée.

Ce service est fait par des agents du ministère des finances, chargés de solder les troupes et de percevoir les contributions.

Ces agents ont à leur disposition un certain nombre de fourgons qui portent de l'or ou de l'argent : de l'or pour l'armée, de l'argent pour les corps d'armée ; car il faut payer les troupes en monnaie courante. Un fourgon peut porter 3 millions en or, ou 200,000 fr. en argent.

Le service des postes a aussi des représentants dans chaque corps d'armée et pour l'armée tout entière.

Le service des télégraphes également.

Enfin, à l'état-major général, il y a ordinairement une imprimerie.

Telle est l'organisation des états-majors et des divers services dans une armée active.

L'ensemble de ceux appartenant à une division forme ce que l'on appelle le *quartier général de la division*.

Il y a de même le *quartier général de chaque corps d'armée* et enfin *le quartier général de l'armée* ou le *grand quartier général*.

Chaque quartier général a son commandant et son vaguemestre chargé de la police des voitures.

Il y a aussi à chacun d'eux un détachement de **cavalerie** :

Escouade pour les divisions ;
Peloton pour les corps d'armée ;
Escadron ou régiment pour le grand quartier général.

Puis des compagnies de sauvegardes, quand elles sont jugées nécessaires.

Et enfin des détachements de gendarmerie dont les commandants remplissent les fonctions de prévôts et de grands prévôts. Les quartiers généraux, ou du moins leur matériel, marchent avec les bagages, que nous verrons dans la prochaine leçon.

QUATORZIÈME LEÇON.

I.

Rassemblement des armées actives. — Nous avons vu dans la leçon précédente les principes d'organisation des armées actives.

Quand il s'agit de créer une de ces armées, on applique ces principes dans les bureaux du ministère de la guerre; on y fait un premier travail d'organisation; on y crée l'armée sur le papier.

Il faut passer ensuite à la réalité et arriver au rassemblement de cette armée.

Le ministre prévient alors les officiers isolés et les corps qui sont destinés à en faire partie.

Les officiers isolés, c'est-à-dire les généraux, les officiers d'état-major, les intendants, etc..., font leurs préparatifs individuels d'entrée en campagne et se rendent aux lieux de rassemblement qui leur sont indiqués.

Pour les corps, on prend les dispositions suivantes :

Dans les régiments d'infanterie, on forme les bataillons de guerre.

Il y a deux méthodes :

1° Chaque régiment peut former deux bataillons de guerre, en vidant les cadres du 3° bataillon dans ceux des deux premiers. Ceux-ci comprennent alors tous les hommes valides et instruits du régiment. On leur donne autant que possible une force normale de 800 hommes. Le 3° bataillon sert de dépôt. Ses cadres sont destinés à recevoir et à instruire les recrues. — Cette première méthode a été employée au début de la guerre de Crimée.

2° Au lieu de former 2 bataillons de guerre à 8 compagnies, on peut former 3 bataillons à 6 compagnies. Le dépôt est alors composé des 5° et 6° compagnies de chaque bataillon et par conséquent comprend 6 compagnies sous les ordres du major. — Cette deuxième méthode a été employée pour la guerre d'Italie, et elle a été adoptée à la fin de 1860, comme organisation permanente.

Quel que soit le mode que l'on emploie, on pourvoit ensuite chaque homme des effets d'habillement et de campagne qui lui sont nécessaires, — c'est-à-dire de 2 ou 3 paires de souliers, de 2 pantalons, 2 chemises, d'un petit bidon, d'une tente-abri, etc.

On donne à chaque escouade : une gamelle, une marmite, un grand bidon, une serpe, etc.

Telles sont les dispositions prises dans les régiments d'infanterie.

Dans les régiments de cavalerie, on forme les escadrons de guerre, 4, 5 ou 6, suivant le cas.

Les escadrons de guerre reçoivent toujours les hommes et les chevaux valides, ceux dont l'instruction est complète. — L'effectif de ces escadrons est en moyenne de 180 hommes et de 150 chevaux. Le dépôt est chargé de recevoir et d'instruire les recrues.

Dans l'artillerie, les régiments désignés mettent également sur pied de guerre le nombre de batteries qui leur est demandé.

Ces batteries voyageront à vide, quand on sait d'avance qu'elles trouveront au point d'arrivée des arsenaux pour s'approvisionner.

Quelquefois même elles n'emmèneront pas de matériel, si ces mêmes arsenaux peuvent leur en fournir.

Les compagnies du génie, les détachements d'ouvriers d'administration, du train des équipages, de gendarmerie, etc., sont organisés de la même manière et pourvus de tous les objets d'habillement et de campagne qui leur sont nécessaires.

Ces dispositions dans les corps demandent quelques jours.

Puis, quand les bataillons, escadrons, batteries et détachements, sont sur le pied de guerre et pourvus de tous leurs effets de campagne, ils reçoivent des feuilles de route et se dirigent sur les points qui leur sont désignés.

Quelques jours plus tard, les dépôts se mettent en route à leur tour et sont envoyés à portée du théâtre des opérations, de manière à correspondre plus facilement avec la partie active de leurs régiments et à pouvoir lui envoyer des hommes et des effets au fur et à mesure des besoins.

Pendant que les troupes sont en marche, les généraux, avec leurs officiers d'état-major et leur personnel administratif, reconnaissent le terrain sur lequel les corps vont se réunir.

Les officiers d'état-major préparent les cantonnements sous le rapport militaire. Nous verrons dans la prochaine leçon les principes qui servent de bases à ce travail.

L'intendance les prépare sous le rapport administratif, c'est-à-dire sous le rapport des vivres, du chauffage, des fourrages, etc.

Enfin les troupes arrivent.

Généralement les détachements du génie, des ouvriers d'administration, du train des équipages, de gendarmerie, etc...., précèdent les régiments de manière à assurer à l'avance les différents services.

Il y a deux méthodes d'arrivée pour les troupes :

1° Elles peuvent arriver simultanément, si elles ont toutes été placées à l'avance à portée de la base d'opérations.

2° Elles peuvent arriver successivement, et c'est le cas le plus ordinaire. — C'est ce qui aura lieu aujourd'hui, où l'on emploira certainement les chemins de fer pour le transport des troupes.

Il faudra compter pour une grande armée (100,000 hommes, par exemple) environ 8 jours pour les opérations préliminaires, — et 15 jours pour sa concentration, — en supposant des circonstances moyennes.

Quelle que soit la méthode d'arrivée, les troupes prennent immédiatement leur place de bataille. — Elles se forment en brigades, divisions et corps d'armée, conformément au tableau d'organisation dont j'ai indiqué les principes dans la dernière leçon.

— Elles constituent *l'ordre de bataille primitif de l'armée.*

Ordre de bataille primitif — Cet ordre de bataille est basé sur les règles suivantes :

Dans chaque brigade, le régiment qui a le premier numéro prend la droite.

Dans chaque division, le général de brigade le plus ancien prend la première brigade. Le moins ancien prend la seconde.

Dans chaque corps d'armée, le rang entre les divisions est réglé de même par l'ancienneté des généraux qui les commandent. On les désigne par leurs numéros, 1re, 2e, 3e divisions de tel corps. Ou bien on établit pour toutes les divisions un ordre général dans l'armée. En 1813, il y avait des 40e, 41e, etc., divisions d'infanterie.

On désigne encore les divisions par les noms des généraux : divisions Dupont et Dumonceau en 1805. Divisions Camou, Lefaucheux, Levaillant, à l'armée d'Orient.

C'est ainsi que se forme l'ordre de bataille primitif de chaque corps d'armée.

Pour l'armée elle-même, si elle est composé de 5 corps, le 1er corps s'établit à la droite, le 2e au centre, le 3e à la gauche, les 4e et 5e en arrière.

Dans chaque corps, la 1re division s'établit à droite, la 2e à gauche, la 3e en seconde ligne, etc...

Et l'armée se trouve ainsi disposée sur la frontière d'après son ordre de bataille primitif.

Cet ordre de bataille sert d'ordre de départ, au début de la campagne. On y revient autant que les circonstances le permettent; mais on le modifie suivant les opérations.

Quand il s'agit d'une réorganisation d'armée, comme en 1813 et 1814, après les funestes campagnes de Russie et d'Allemagne, on laisse à l'armée les 1ers bataillons, les 1ers escadrons de chaque régiment, en y versant tous les hommes valides.

Puis les cadres restants sont dirigés sur l'intérieur, pour y recevoir et y instruire les recrues. On les fait entrer en ligne au fur et à mesure des progrès de leur organisation. Et quand ils rejoignent l'armée, on leur fait reprendre leurs rangs dans l'ordre de bataille.

Exemples de rassemblement d'armée :

En 1803, l'Empereur organise l'armée qu'il destine à une descente en Angleterre. Il la forme de 7 corps, dont l'ordre de bataille primitif est le suivant :

1er corps, maréchal Bernadotte, dans le Hanovre,
2e — maréchal Marmont, à Utrecht ;
3e — maréchal Davoust, à Ambleteuse ;
4e — maréchal Soult, à Boulogne ;
5e — maréchal Lannes, à Arras ;
6e — maréchal Ney, à Montreuil ;
7e — maréchal Augereau, à Brest.

En 1813, l'Empereur réorganise son armée d'après les principes indiqués ci-dessus. Les divers corps sont échelonnés sur la ligne d'opérations à Mayence, Francfort, Fulde et Weymar, et s'avancent successivement au fur et à mesure de leur organisation.

Enfin, en 1800, le Premier Consul donne un exemple remarquable de rassemblement d'armée, pour l'armée de réserve, qui était déjà au delà des Alpes, lorsque les Autrichiens ne connaissaient pas encore son existence.

A cette époque, la France avait deux armées. Celle du Rhin, 130,000 hommes sous Moreau. Celle d'Italie, 36,000 hommes sous Masséna. Le Premier Consul veut, à l'insu de l'Europe, en créer une troisième, dont il se réserve le commandement et avec laquelle il médite la manœuvre de Marengo.

Il forme trois divisions, à Rennes, à Nantes et à Paris, avec des demi-brigades tirées de la Vendée. Il les dirige vers la frontière de l'Est, comme renforts de l'armée du Rhin.

Il forme ensuite une quatrième division, avec 14 beaux bataillons, tirés des bords de la Méditerranée et des dépôts de l'armée d'Égypte.

Il donne l'ordre à l'armée du Rhin de détacher deux divisions sur l'Italie, immédiatement après les premiers mouvements.

Il fait préparer 60 bouches à feu à Auxonne, Besançon et Briançon.

Il dirige les quatre premières divisions sur Genève et Lausanne, par des routes différentes, de manière à ne pas attirer l'attention publique. Il leur fait fournir, sur la route même, les souliers, vêtements et effets de campagne dont les hommes ont besoin.

En même temps, il indique hautement la formation d'une armée de réserve à Dijon. Il y envoie quelques vieux soldats, quelques conscrits qui trompent les espions de l'Europe.

Et dans les premiers jours de mai, à l'insu de l'Autriche et même de la France, une armée improvisée franchit les Alpes et va changer en Italie la face des événements.

Pour assurer encore mieux le secret, le Premier Consul avait enlevé le travail d'organisation de cette armée au ministère de la guerre et l'avait réservé pour son cabinet.

Organisation permanente des divisions et des corps d'armée. — Nous avons vu, dans la première partie du Cours, qu'en Prusse, en Autriche et en Russie, l'organisation de l'armée en brigades, divisions, corps d'armée et armées, était permanente.

Ce système tient à des circonstances particulières.

Chez les Russes, les recrues restent si longtemps pour arriver sous les drapeaux, qu'il est nécessaire de tenir toujours l'armée active au complet et prête à entrer en campagne. Sans cela, au moment du besoin, elle ne serait pas organisée.

Chez les Prussiens, l'absence de frontières naturelles, la multiplicité des points vulnérables que présentent leurs frontières politiques et la crainte de voir dès les premières opérations le royaume coupé en deux, ont amené le système des quatre armées dont nous avons parlé, et qui semblent destinées chacune à la défense d'une partie du territoire.

En Autriche, nous avons vu qu'il y avait également plusieurs armées et huit corps. Cela tient à des circonstances analogues et aussi à ce que le gouvernement a besoin de placer fréquemment à côté les uns des autres des régiments de nationalité différente, afin d'amener la fusion.

L'organisation permanente de ces grandes unités présente les avantages suivants :

1° Il établit un esprit de corps dans chacune de ces grandes fractions.

2° L'instruction d'ensemble est meilleure, puisque l'on manœuvre fréquemment par masses considérables et les trois armes réunies.

3° Enfin le passage du pied de paix au pied de guerre est plus facile et plus rapide.

La France a adopté un système mixte. Nous avons un certain nombre de divisions organisées à peu près sur le demi-pied de guerre, savoir :

Pour l'infanterie, 2 divisions de la garde, 4 de l'armée de Paris, 3 de l'armée de Lyon, et accidentellement 2 ou 3 à Châlons.

Pour la cavalerie, 1 division de la garde, 1 à Lunéville, 1 à Versailles, 1 à Lyon, etc....

Le reste de l'armée, plus de la moitié, ne présente plus que des régiments.

Notre système offre une partie des avantages précédents et de plus les deux suivants :

1° Il permet de cacher à l'ennemi la force et la composition des différents corps de l'armée avec laquelle nous entrerons en campagne.

2° Il donne la facilité de mettre l'organisation de cette armée en rapport avec le genre de guerre que l'on voudra faire et avec la nature du théâtre d'opérations.

II.

Des approvisionnements. — On donne le nom d'approvisionnements à l'ensemble des objets matériels de consommation nécessaires à l'existence des armées.

Les approvisionnements jouent un grand rôle à la guerre.

Quand on veut créer une armée, dit Frédéric, il faut commencer par le ventre, c'est-à-dire qu'il faut s'occuper avant tout des moyens de la faire subsister.

La première loi, pour les armées comme pour les individus, est de trouver des vivres, et par conséquent toutes les combinaisons des généraux, tous les mouvements des troupes sont subordonnés à la question des approvisionnements.

Faire autrement, c'est s'exposer à de grandes pertes.

Le mépris de l'administration n'est autre chose que le mépris des hommes. Telle est l'épigraphe du livre du général Roguet sur l'approvisionnement des armées.

Il y a trois espèces d'approvisionnements :

1° Les objets de consommation journalière, c'est-à-dire les vivres et les fourrages ;

2° Les objets de consommation périodique, comme les effets d'habillement et d'équipement que l'on remplace à certaines époques déterminées ;

3° Enfin les objets de consommation éventuelle, comme les munitions de guerre.

On établit une seconde division dans les approvisionnements, en les considérant relativement à la nature des services qui les fournissent.

La première classe comprend les approvisionnements fournis par les services administratifs, vivres et effets.

La deuxième classe comprend ceux qui sont fournis par l'artillerie, munitions.

La troisième comprend ceux qui sont fournis par le génie, outils pour les travaux.

Dans tous les cas, ces divers approvisionnements sont réunis à l'avance sur les points où l'on concentre l'armée et forment des magasins qui fournissent à ses divers besoins.

Quand l'armée se porte en avant, elle traîne avec elle un certain nombre de jours de vivres, 8 ou 15 jours ; — de plus, pendant un certain temps, elle continue à tirer ses approvisionnements des magasins de sa base, et on les lui amène au moyen des transports que nous verrons tout à l'heure.

Quand l'armée est loin de sa première base, alors on en forme une seconde, et l'on y crée de nouveaux magasins avec les ressources du pays, au moyen de réquisitions et de marchés, — et en même temps au moyen des approvisionnements de la première base.

Dans tous les cas, les approvisionnements de l'armée doivent être distincts des approvisionnements des places fortes, auxquels on ne doit pas toucher.

Ils doivent être réunis à l'avance et en assez grande quantité pour que les distributions soient toujours assurées.

Examinons comment on calcule les quantités nécessaires.

1° Les approvisionnements des objets de consommation journalière comprennent les subsistances, c'est-à-dire le pain ou le biscuit, le riz, la viande, les légumes secs, le café et l'eau-de-vie, enfin les fourrages.

Pour calculer l'approvisionnement nécessaire, il faut établir, d'une part, ce que l'armée consomme en un jour et de plus le nombre de jours pour lesquels on veut assurer l'approvisionnement.

Pour la consommation journalière, on prend l'effectif de l'armée, auquel on ajoute 1/4 en plus pour les hommes et 1/6 pour les chevaux.

Quant au nombre de jours pour lesquels on veut assurer l'approvisionnement, il dépend de la nature de la guerre et des ressources du théâtre sur lequel on doit opérer.

Dans une guerre offensive, on réunit ordinairement

50 jours d'approvisionnement ;—dans la guerre défensive, on en réunit 90 jours.

Évidemment on en réunira d'autant moins que le pays sera plus riche. Ces approvisionnements sont réunis dans les places fortes ou dans les places du moment.

Les magasins que l'on organise forment ordinairement 3 lignes.

En première ligne, on met un approvisionnement de 15 jours de vivres confectionnés, pain ou biscuit.

En deuxième ligne, un second approvisionnement de 15 ou 20 jours de vivres en train de confection ;— par exemple, des farines.

En troisième ligne, un troisième approvisionnement de 15 ou 20 jours de vivres non confectionnés, — grains et blés.

Quant aux magasins, il y a deux systèmes :.

Le premier consiste à en avoir peu, et alors ils sont considérables. On les met plus facilement en sûreté, mais il faut beaucoup de moyens de transport.

Le second système consiste à en avoir beaucoup. Ils sont moins sûrs, mais plus rapprochés des troupes.

Quant à la nature de ces approvisionnements, nous avons d'abord, comme je l'ai dit tout à l'heure, le pain. On le fabrique dans les fours locaux et dans les fours de campagne. Le pain présente un grand inconvénient, c'est la difficulté de son transport. On préfère le biscuit, le soldat pouvant en porter 4, 6 ou même 8 jours.

Ensuite vient la viande. On fait usage de viandes salées et fumées, mais surtout de viande fraîche, que l'on obtient au moyen de troupeaux qui suivent les troupes.

Un bœuf fournissant 250 kilog. de viande suffit pour 1,000 hommes, à raison de 250 grammes par homme. Pour 50,000 hommes, il faudra donc 50 bœufs.

Après la viande viennent les légumes ; légumes secs dont le transport est plus facile, — ou bien encore du riz, comme en Afrique. Il est à la fois très-sain et très-facile à transporter ou à conserver.

Enfin on distribue aux troupes du sucre et du café, dont elles se trouvent très-bien.

Tels sont les approvisionnements de subsistances. On les obtient au moyen de marchés passés par l'intendance, ou bien par l'intermédiaire d'entrepreneurs, ou enfin par réquisition. Ce dernier système n'est guère applicable qu'en pays ennemi.

2° Les approvisionnements de la deuxième espèce sont les effets d'habillement et d'équipement.

On en calcule la quantité sur l'effectif de l'armée et sur la durée probable des opérations.

Un approvisionnement complet est celui qui est égal à l'effectif de l'armée.

On réunit généralement un approvisionnement complet pour les effets de petit équipement.

On réunit un double approvisionnement pour les chaussures.

Un demi pour la coiffure et les habits.

Un entier pour les capotes, qui forment le véritable vêtement de guerre.

On dispose les magasins d'effets dans les places et à portée des troupes.

On fait confectionner les effets, soit dans les dépôts des corps, soit à l'entreprise.

3° Enfin la troisième espèce d'approvisionnements

comprend les cartouches, les gargousses et toutes les munitions de guerre.

Un approvisionnement complet est de 100 cartouches par homme et d'environ 200 coups par pièce.

On prépare ordinairement 4 ou 5 approvisionnements complets de munitions de guerre.

Le premier est porté par les troupes. — Des 100 cartouches d'infanterie, 60 sont avec l'homme et 40 avec les batteries divisionnaires.

Le deuxième approvisionnement est dans les parcs de réserve qui suivent l'armée.

Le troisième est dans les places fortes de la base d'opérations, prêt à être envoyé à l'armée suivant les besoins.

Les quatrième et cinquième sont également dans les places, mais sans être confectionnés.

Tels sont les divers approvisionnements d'une armée active.

En 1800, le Premier Consul fait confectionner à Lyon 2 millions de biscuits pour l'armée de réserve. Il fait acheter de grandes quantités de grains et d'avoine. Il fait préparer des munitions dans les places d'Auxonne, de Besançon et de Briançon. Il dirige ces approvisionnements sur Villeneuve, Lausanne, Martigny et l'hospice du Saint-Bernard.

Dans chacune des campagnes de l'Empire, on voit de même, au début de la campagne, l'Empereur porter ses premiers soins sur les approvisionnements des diverses espèces.

Moyens d'approvisionner les armées en marche. — Les approvisionnements de la première base nourrissent l'armée pendant la première période des opérations, tant qu'elle n'est pas à plus de 8 à 10 jours de marche.

Quand elle s'éloigne davantage, comme je l'ai dit plus haut, on crée de nouvelles bases, sur lesquelles on rassemble de nouveaux approvisionnements : 1° au moyen de marchés ou de réquisitions dans le pays ; — 2° en y faisant arriver par les convois les approvisionnements de la première base ; — 3° enfin en se servant des magasins de l'ennemi, si on a pu l'obliger à se retirer sans les détruire.

En même temps, on utilise les ressources du pays ; l'armée embrasse une grande surface de terrain ; chaque soir, en s'arrêtant, indépendamment des réquisitions générales, on frappe des réquisitions particulières chez les habitants, avec ou sans règlement d'indemnité. On fait des fourrages qui complètent les approvisionnements et servent à nourrir l'armée. —En Portugal et en Russie, où les approvisionnements manquaient, on avait organisé la maraude. Une partie des hommes de chaque compagnie courait le pays pour trouver des ressources.—Mais ce moyen ruine à la fois le pays et la discipline. Il ne doit être employé qu'à la dernière extrémité.

Quelquefois, quand on dispose de beaucoup d'argent, comme, par exemple, les Anglais en Espagne, comme le duc d'Angoulême en 1823, on passe des marchés avec des entrepreneurs qui précèdent l'armée, achètent dans le pays tous les approvisionnements nécessaires et les font trouver sur le passage des troupes. Cette méthode ménage les habitants ; mais elle est fort coûteuse et peut donner lieu à des gains illicites.

En même temps que l'on prépare des magasins, l'on prépare aussi des hôpitaux.

On les dispose généralement sur trois lignes autant que possible dans les mêmes lieux que les magasins.

La première ligne est destinée aux blessés et aux malades de l'armée.

La deuxième reçoit le trop-plein de la première.

La troisième est ordinairement destinée aux convalescents.

Le service des champs de bataille est fait par les ambulances.

Généralement on calcule le service de santé pour un douzième de l'effectif.

On ne fait pas d'hôpitaux de plus de 500 malades.

III.

Des équipages. — Une armée a besoin de transports pour rassembler et faire mouvoir ses divers approvisionnements de vivres, d'effets et de munitions.

D'après le prince de Ligne, dans le siècle dernier, les équipages d'une armée de force moyenne présentaient un ensemble d'environ 1200 voitures et se subdivisaient de la manière suivante :

1° Les voitures du trésor, de la chancellerie, des ambulances et les bagages du général en chef ;

2° Les chariots de vivres et les fours de campagne ;

3° Les chariots d'artillerie de réserve et les pontons ;

4° Les bagages des généraux et des officiers d'état-major ;

5° Les voitures des marchands et les chariots du quartier général.

Aujourd'hui les moyens de transport d'une armée peuvent se diviser en trois classes :

Les équipages particuliers ;

Les équipages réguliers ;

Les équipages auxiliaires.

Les équipages particuliers entrent dans la composition intime de l'armée et marchent avec elle. Ils sont
attribués aux officiers de tous grades, et aux employés militaires, pour leurs effets particuliers, leurs
ustensiles de campagne, leurs tentes, leurs vivres, etc.
Ils sont attribués aux corps de troupe pour la caisse,
la comptabilité, les cantines d'ambulance, les outils et
pièces d'armes de l'armurier, etc...

Les équipages particuliers se composent :

1° Des voitures des généraux ;

2° Des fourgons des régiments. Le décret du 21 jan-
vier 1860, dans la prévision d'une guerre continentale,
attribue un fourgon à l'état-major de chaque régiment et un autre par bataillon ou par deux escadrons ;
chaque fourgon portant un certain nombre de cantines ;

3° Des mulets, qui remplacent les fourgons dans les
pays difficiles ;

4° Des ambulances divisionnaires, etc..., etc...
L'ensemble de ces moyens de transport, placés sous la
direction des vaguemestres de régiment ou de division, marche à la suite des troupes et les accompagne
partout, de manière que les officiers puissent toujours
s'établir et subsister au milieu des soldats qu'ils commandent.

Les équipages réguliers, qui viennent ensuite, sont
attachés aux corps d'armée et à l'armée.

Ils comprennent :

1° Des détachements du train des équipages portant
des vivres et des effets ;

2° Les parcs de l'artillerie, portant un approvisionnement de munitions, et comprenant de plus un personnel d'artilleurs à pied et à cheval, d'ouvriers d'artillerie, d'armuriers, etc...;

3° Les parcs du génie, portant un approvisionnement d'outils. En 1806, l'Empereur, pour 120,000 hommes, avait 20,000 outils, pelles, pioches, haches, serpes, etc.;

4° Les équipages de ponts, transportés sur des haquets et accompagnés des pontonniers;

5° Les voitures du trésor;

6° Les ambulances, etc., etc...

L'ensemble de ces équipages forme le grand parc et les parcs de corps d'armée, qui sont organisés en colonnes particulières, distinctes des colonnes de troupe, et qui marchent à une journée ou une demi-journée de marche en arrière, de manière à ne pas gêner leurs mouvements.

Enfin les équipages auxiliaires sont destinés à former des convois sur les derrières de l'armée, pour transporter des vivres, des effets, d'une base sur une autre; pour réunir les ressources obtenues dans le pays par les réquisitions; enfin pour suppléer à l'insuffisance des équipages particuliers et des équipages réguliers quand ceux-ci n'ont pas pu être organisés d'une manière complète.

Dans les deux premiers cas, les équipages auxiliaires forment des convois sur les derrières de l'armée. Dans le troisième cas, ils marchent avec les troupes ou avec les parcs.

On réunit ces équipages par réquisition, location ou entreprise. Ils présentent l'avantage d'être adaptés aux routes du pays. Leur inconvénient, c'est qu'il est difficile de compter sur leur emploi. Les paysans, quand ils sont mal disposés, les cachent ou les envoient au loin.

Les équipages auxiliaires sont généralement formés de voitures du pays.

Il faut y joindre les animaux porteurs, mulets, chevaux, ânes, chameaux, etc...

Il faut y joindre encore des bateaux si l'on est près d'un cours d'eau ; des navires si l'on est à portée de la mer ; enfin, un chemin de fer si l'on en a un à sa disposition. Et c'est là le moyen le plus puissant et le plus régulier.

Quoi qu'il en soit, la marche et la direction des transports de l'armée appartiennent à l'état-major.

Le service en campagne détermine l'ordre dans lequel doivent marcher les équipages ; cet ordre est le suivant :

Les bagages du commandant en chef ;
Ceux du chef d'état-major ;
— des généraux de division ;
— de l'intendant de l'armée ;
— du trésor et du payeur général ;
— des généraux de brigade ;
— des intendants ;
— du grand prévôt ;
— des colonels d'état-major ;
— des sous-intendants et adjoints ;
— des officiers d'état-major et de gendarmerie ;
— du médecin et chirurgien en chef ;
— de l'imprimerie de l'armée ;
— des agents de l'administration ;
— de la poste aux lettres ;
— des vivandiers et marchands, etc.

Chaque voiture ou cantine doit porter le nom de la personne à laquelle elle appartient.

Au moment de l'entrée en campagne, des règlements déterminent à l'avance la composition des équipages de l'armée.

Leur nombre et leur nature varient suivant le pays où l'on va porter la guerre.

Ainsi, en 1806, l'Empereur, pour toute son armée, ne voulait que 400 voitures régulières.

En 1808, dans la campagne de Portugal, chaque bataillon disposait de 5 ou 6 voitures.

En Afrique, chaque bataillon avait deux mulets, chaque compagnie en avait un ; de même en Orient.

D'après Lenoble, dans un pays pauvre, pour un corps d'armée de 30,000 hommes, il faut, pour les vivres seulement, 2,400 chevaux et 600 voitures ; pour les ambulances, 200 chevaux.

Dans un pays riche, d'après le général Roguet, les mêmes quantités suffiraient pour une armée de 100,000 hommes.

Dans des circonstances moyennes, l'Empereur compte, pour un corps de 40,000 hommes, 500 voitures, 250 régulières et 250 de réquisition.

Dans les mêmes circonstances, Odier, pour un corps de 30,000 hommes, compte 100 voitures d'équipages réguliers, et 200 d'équipages auxiliaires.

En définitive le nombre et la nature des moyens de transport d'une armée sont variables et dépendent des circonstances et de la nature du théâtre d'opérations.

QUINZIÈME LEÇON.

I.

Nous avons vu :

L'organisation d'une armée active ;

Son rassemblement sur une frontière ;

Les divers approvisionnements que l'on réunit pour
pourvoir à ses besoins ;

Enfin les moyens de transport que l'on met à sa
disposition pour les mouvements de son matériel.

Avant d'aller plus loin, avant d'introduire l'armée
sur le théâtre d'opérations, avant de lui faire franchir
la frontière qui sert, comme je l'ai dit précédemment,
de ligne de démarcation entre les deux années du
cours, nous allons voir comment on établit cette armée
quand il s'agit de lui donner du repos, soit sur la
frontière avant les opérations, soit en pays ennemi,

pendant une suspension des hostilités ou dans les intervalles des opérations.

On peut alors l'établir de trois manières :

Dans des cantonnements ;
Dans des camps ;
Dans des bivouacs.

Les principes relatifs à ces trois modes du repos des troupes font l'objet de la 15ᵉ leçon.

Des cantonnements. — On appelle cantonnements de vastes étendues de terrain, où l'on établit les troupes, en profitant de tous les abris que présentent les lieux habités, pour y vivre commodément.

Les cantonnements prennent le nom de quartiers d'hiver, quand on les prend en raison de la rigueur de la saison.

Dans le siècle dernier, avant la Révolution, l'hiver suspendait presque toujours les hostilités.

Les campagnes de Gustave-Adolphe, celle de Turenne en Alsace, celle de Charles XII à Pultawa, et quelques autres encore étaient des exceptions.

Généralement les armées belligérantes arrêtaient leurs opérations vers le mois d'octobre. Elles entraient en quartiers d'hiver et s'établissaient derrière de fortes lignes de défense. Quelquefois même elles revenaient jusque sur la frontière qui leur servait de base, afin d'être plus en sûreté. L'on voyait alors le général en chef s'empresser de rentrer à la cour.

Quant aux cantonnements pris en présence de l'ennemi et pendant une suspension des hostilités, on les appelait des *quartiers de rafraîchissement.*

Aujourd'hui l'on distingue les cantonnements en cantonnements larges et cantonnements serrés.

Les cantonnements sont larges quand on ne redoute

pas une attaque immédiate, — quand le pays ne présente pas de grandes ressources, — enfin quand on ne pense pas soi-même devoir reprendre prochainement les hostilités.

Les cantonnements sont serrés quand on craint une attaque soudaine de l'ennemi ; quand le pays est riche et fécond en ressources ; quand enfin on médite quelque opération qui demande de la promptitude.

Dans les cantonnements larges, les hommes sont à l'aise ; on en met, par exemple, 8 ou 10 par maison.

Dans les cantonnements serrés, on utilise les granges, les hangars, tous les abris. Une seule maison peut contenir une compagnie.

Circonstances dans lesquelles on prend des cantonnements. — On prend des cantonnements dans les circonstances suivantes :

1° Au début des hostilités, au moment du rassemblement de l'armée et en attendant le commencement des opérations. On cantonne alors les troupes sur la frontière au fur et à mesure de leur arrivée et d'après leur ordre de bataille.

2° Pendant les opérations on prend des cantonnements dans le cas d'une suspension d'armes, ou bien par suite d'une interruption des hostilités, en raison de la rigueur de la saison ;

Comme dans la campagne de 1813, pendant l'armistice ;

Comme dans la campagne de 1807 en Pologne, pendant les rigueurs de l'hiver.

3° On cantonne les troupes qui exécutent un blocus, comme l'armée d'Italie en 1796 devant Mantoue, comme l'armée de Portugal devant les lignes de Torrès-Vedras.

4° On cantonne encore les troupes de l'armée d'opérations qui ne sont pas directement en présence de l'ennemi, comme en 1809, avant la bataille de Wagram, les corps qui se trouvaient sur la rive droite du Danube et particulièrement celui du maréchal Davoust.

5° Enfin on prend des cantonnements après la paix, quand on a stipulé l'occupation du territoire ennemi, ce qui nous est arrivé en 1805, où nous avons occupé pendant plusieurs mois le territoire autrichien.

Reconnaissances préliminaires. — L'établissement de cantonnements doit toujours être précédé de reconnaissances préliminaires.

Ces reconnaissances ont à la fois un caractère statistique et un caractère topographique.

Elles sont statistiques pour l'appréciation des ressources et des richesses du pays.

Elles sont topographiques pour l'appréciation des divers accidents du terrain comme moyens de défense, par exemple, pour l'examen des cours d'eau, chaînes de hauteurs, forêts, villages, etc..., servant à couvrir le front des troupes; par exemple encore, pour l'examen des différents points situés dans l'intérieur des cantonnements et destinés à être transformés en places du moment, à devenir des lieux de réunion, à contenir des magasins, etc.;... enfin pour l'examen des voies de communication qui permettront aux troupes de communiquer entre elles, de se porter sur l'ennemi, ou au contraire de battre en retraite, si cela devient nécessaire.

Conditions que doivent remplir les cantonnements. — Quoi qu'il en soit, les cantonnements doivent remplir diverses conditions administratives et militaires.

Sous le rapport administratif les cantonnements doivent remplir trois conditions principales :

1° Ils doivent être établis dans un pays riche ou à proximité ;

2° Il faut qu'ils comprennent quelques villes commerçantes, facilitant l'arrivée des approvisionnements ;

3° Ils doivent présenter de nombreuses communications pour les transports, routes, chemins, canaux, rivières, lignes de fer, etc...

Au moyen de ces trois conditions, on organise sur les derrières des cantonnements de vastes magasins d'approvisionnements établis dans les grandes villes de commerce et alimentant les magasins de distribution, qui sont placés au milieu des troupes.

Ces derniers ne contiennent jamais plus de 8 ou 15 jours de vivres.

Sous le rapport militaire, les cantonnements doivent remplir sept conditions principales :

1° L'ensemble des cantonnements doit occuper un espace aussi étendu en profondeur qu'en largeur, afin d'éviter une ligne trop longue, toujours facile à percer et impossible à rallier, dit le général Jomini.

2° Le front du cantonnement doit être couvert par une ligne de défense, cours d'eau ou chaîne de montagnes. Dans le cas où il n'y aurait pas d'obstacle naturel continu, on utilise les points forts que présente le terrain. On y élève des ouvrages de campagne. On y établit des troupes baraquées.

3° Les flancs des cantonnements seront appuyés à de grands accidents naturels, par exemple à la mer d'un côté, à un pays marécageux de l'autre, comme en 1807, sur le Passarge.

4° Les différentes parties des cantonnements seront bien liées entre elles.

5° L'intérieur présentera des communications faciles, tant pour le transport des approvisionnements que pour les mouvements des troupes.

6° Les cantonnements seront tels que chaque corps d'armée pourra se concentrer en 24 heures à peu près; ce qui implique un front de 8 à 10 lieues, sur une profondeur à peu près égale.

Les corps d'armée, une fois réunis, forment des masses assez considérables, et sont organisés de telle manière qu'ils peuvent toujours résister à une attaque et se retirer en ordre, dans le cas où l'ennemi serait trop supérieur.

7° Les cantonnements doivent enfin présenter des points de réunion convenables pour les troupes.

Ces points de réunion s'appellent des *places d'alarme*.

Les places d'alarme sont toujours situées en arrière des cantonnements et non pas en avant. Autrement l'ennemi pourrait y arriver le premier, s'y établir en force et accabler successivement toutes les troupes au fur et à mesure de leur arrivée ; ce qui eut lieu pour 'armée de Turenne à Mergentheim.

Chaque fraction de troupe a sa place d'alarme.

Une compagnie établie dans une ferme se rassemble dans la cour.

Un bataillon établi dans un village se rassemble sur la place du village, pourvu que cette place soit en arrière et près de la ligne de retraite.

Un régiment qui occupe trois ou quatre villages aura de même sa place d'alarme, située au centre du terrain occupé, toujours couverte du côté de l'ennemi et en tête de la ligne de retraite.

De même encore pour chaque brigade, chaque division, chaque corps d'armée.

Les places d'alarme des divisions et des corps d'armée sont des positions militaires d'une force et d'une étendue proportionnées au nombre des troupes qui doivent les occuper.

Les corps d'armée, une fois rassemblés sur leurs places d'alarme, doivent se trouver dans de bonnes relations stratégiques les uns par rapport aux autres, c'est-à-dire qu'ils doivent être bien liés, que l'ennemi ne doit pas pouvoir se glisser entre eux, et enfin l'ordre de bataille que présentent les divers corps d'armée doit être en rapport avec le but que l'on se propose.

Le quartier général de chaque corps d'armée, les réserves et les parcs, sont établis ordinairement sur la place d'alarme, ou à portée.

Enfin il y a une place d'alarme générale pour l'armée tout entière. C'est une position où l'on peut venir se réunir pour livrer bataille. Cette position couvre la ligne de retraite. Les réserves et le grand quartier général sont établis à l'avance à proximité.

Assiette des cantonnements et répartition des troupes. — Je passe maintenant à l'assiette des cantonnements et à la répartition des troupes.

L'assiette d'un cantonnement comprend tout ce qui a rapport au choix du terrain, à la répartition des troupes, aux travaux à exécuter et à l'organisation du service.

Nous venons de voir les considérations relatives au choix du terrain. Examinons celles qui se rapportent à la répartition des troupes.

On divise le terrain des cantonnements en zones

ou arrondissements qui correspondent aux diverses fractions de l'armée.

Pour une armée de 5 corps, par exemple, il y aura 5 arrondissements. Chaque arrondissement présentera une surface de terrain à peu près carrée et de 8 à 10 lieues de côté en moyenne.

Les arrondissements des divers corps seront disposés autant que possible conformément à l'ordre de bataille primitif. Le 1ᵉʳ corps sera à l'aile droite. Le 2ᵉ au centre. Le 3ᵉ à l'aile gauche. Le 4ᵉ sera en 2ᵉ ligne, formant une sorte de réserve partielle. Ou au contraire en avant de la ligne de bataille, formant une sorte d'avant-garde, comme le corps du maréchal Ney, en 1807.

Le cinquième arrondissement sera en arrière du centre et sera destiné au 5ᵉ corps, formant la réserve générale.

Chaque arrondissement de corps d'armée a son quartier général, ses hôpitaux, ses magasins, son terrain et ses lignes d'approvisionnement.

L'arrondissement de chaque corps d'armée est partagé en 2 ou 3 zones pour les divisions d'infanterie.

Les zones de division se fractionnent en zones de brigade; celles-ci en zones de régiment et de bataillons.

Les bataillons occupent un ou plusieurs villages dans lesquels on place les compagnies. Autant que possible, on évite de fractionner ces dernières, de manière que les hommes soient toujours avec leurs chefs directs.

L'établissement des cantonnements d'un corps d'armée se fait d'après un tableau analogue au modèle suivant :

QUARTIER général et place d'alarme du corps d'armée.	QUARTIER général des divisions.	QUARTIER général des brigades.	POINTS de rassemblement des régiments.	LIEUX de rassemblement des bataillons.	CANTONNEMENT des compagnies	EMPLACEMENT des parcs.	OBSERV.
	1re division, SCEAUX.	1re brigade, Chatenay.	1er régiment, Chatenay.	1er bataillon, Chatenay.	1re, 2e et 3e compagnies à Chatenay; 4e et 5e à Verrières; 6e à Antony . . .		
				2e bataill.	. . . . .		
			2e régiment.	1er bataill.	. . . . .		
				2e bataill.	. . . . .		

La cavalerie légère est généralement cantonnée en première ligne, en avant de la ligne de défense, de manière à éclairer au loin et à couvrir les cantonnements. Ses patrouilles doivent battre sans cesse toutes les avenues qui y conduisent.

La cavalerie de ligne est généralement en seconde ligne derrière l'infanterie.

La grosse cavalerie est portée plus en arrière, dans des cantonnements sûrs, commodes et riches en fourrages.

L'artillerie divisionnaire reste avec les troupes. Elle est placée dans les ouvrages que l'on élève, ou dans les points que l'on fortifie sur la ligne de défense.

L'artillerie de réserve est auprès du quartier général.

Mais, dans tous les cas, l'une et l'autre sont toujours

placées à portée des routes, de manière à pouvoir se mouvoir avec facilité.

Les parcs sont en arrière sous le canon d'une place forte, ou à proximité d'une place du moment.

Telles sont les dispositions d'ensemble pour les cantonnements d'une armée.

Ensuite viennent les dispositions de détail relatives à l'établissement des troupes dans les villages.

Elles sont basées sur les principes suivants :

On place ordinairement dans un village une ou plusieurs compagnies, un ou plusieurs escadrons.

On suit pour leur établissement l'ordre de bataille primitif, allant de la droite à la gauche, aussi bien pour les bataillons, régiments, brigades et divisions que pour les corps d'armée.

On place autant que possible, dans chaque maison, une fraction constituée, escouade, demi-section ou section.

Les officiers des compagnies doivent toujours être auprès de leur troupe.

Le capitaine a près de lui son sergent-major et ses tambours.

Pour l'établissement des hommes, on compare les chambres, les granges ou les hangars, aux baraques d'un camp, et l'on calcule pour chaque homme un pas en largeur et trois en longueur. On tient compte des habitants, à qui il faut laisser les logements nécessaires. On les renvoie ordinairement dans les parties supérieures des maisons et on garde les rez-de-chaussée et les étages inférieurs, — ce qui facilite beaucoup les rassemblements.

Dans la cavalerie, les cavaliers couchent à portée de leurs chevaux. Le maréchal des logis chef et les trompettes sont auprès du capitaine commandant.—Si l'on craint qu'il soit difficile de faire sortir les chevaux des écuries en cas d'alerte, on enlève d'avance les portes.

On indique en même temps dans chaque village la place d'alarme, ainsi que les issues qui doivent y conduire.

On indique aussi les chemins par lesquels l'ennemi peut arriver et les mesures de sûreté à prendre. Si les cantonnements sont en première ligne, ils s'entourent du système d'avant-postes réglementaire : grand'-gardes, petits postes, sentinelles et vedettes.

Telles sont les dispositions que l'on suit généralement pour régler à l'avance l'assiette des cantonnements.

Prise de possession. — Puis, quand le travail préliminaire relatif à cette assiette des cantonnements est terminé, les troupes arrivent et en prennent possession.

La prise de possession varie suivant les circonstances. Elle peut avoir lieu de deux manières : simultanément ou successivement.

La prise de possession sera simultanée, au début des hostilités, avant l'entrée en campagne, ou bien à la paix, quand l'ennemi n'est plus à craindre.

Les troupes arrivent alors toutes à la fois sur les points de rassemblement, et là elles se séparent conformément au tableau de leur répartition dans les cantonnements.

La prise de possession est successive quand les cantonnements ont lieu pendant le cours de la campagne, par exemple, par suite des rigueurs de l'hiver.

L'armée ne peut pas alors se disloquer immédiatement pour s'éparpiller dans des cantonnements. Cette méthode serait dangereuse. Il faut opérer progressivement.

On commence d'abord à reporter en arrière et à cantonner les parcs, les bagages, les *impedimenta* de l'armée.

Si l'ennemi fait de même, alors les réserves, la grosse cavalerie, la grosse artillerie entrent en cantonnements à leur tour.

Puis enfin les troupes de l'ordre de bataille s'installent successivement.

Organisation du service. —Quand les cantonnements sont établis, il faut y organiser un service de surveillance, de manière à se mettre à l'abri des attaques soudaines de l'ennemi.

Les troupes de première ligne, ai-je dit, se gardent, comme devant l'ennemi, avec des grand'gardes, des petits postes, des sentinelles et des vedettes.

La cavalerie légère, placée en avant, pousse des reconnaissances de tous côtés et le plus loin possible.

Le service en campagne recommande de faire monter des sentinelles sur les clochers et sur les lieux élevés, de manière à surveiller au loin le terrain.

Les cantonnements de deuxième ligne se gardent également, mais d'une manière moins complète. On n'emploie au service de surveillance que le 1/3 ou le 1/4 des troupes qu'emploie la première ligne.

Sur les derrières, on n'a guère à craindre que les partisans ou les corps détachés de l'ennemi. On se garde toujours, mais on y emploie moins de troupes encore.

Au point du jour, dans tous les cantonnements, on

fait un appel en armes. Les troupes restent sous les armes jusqu'à la rentrée des reconnaissances.

Quelquefois on fait donner de fausses alertes, pour habituer les hommes à être prêts promptement.

En cas d'attaque, tous les corps doivent être avertis aussi rapidement que possible. — Les concentrations s'opèrent successivement. Les généraux, prévenus, se portent aux points attaqués et cherchent à pénétrer les projets de l'ennemi.

Les dispositions prises à l'avance doivent suffire pour ralentir l'attaque et couvrir les rassemblements.

Quand les troupes sont concentrées, alors on agit suivant les circonstances, et les opérations rentrent dans le domaine de la stratégie.

Travaux matériels de défense. — On exécute toujours dans les cantonnements quelques travaux matériels pour en assurer la défense.

Par exemple, on élève des ouvrages de campagne sur la ligne qui couvre les cantonnements.

On fait des abatis sur certains points ; sur d'autres, on tend des inondations.

On couvre les points de passage que l'on veut conserver pour déboucher sur l'ennemi par des têtes de pont.

On détruit ceux dont on ne veut pas se servir et qui pourraient être utiles à l'ennemi.

On s'occupe particulièrement des places d'alarme, sur lesquelles on organise à l'avance tous les éléments d'une résistance vigoureuse.

Enfin on crée un système de signaux reliant les unes aux autres les différentes parties des cantonnements.

Voici les principaux travaux exécutés en 1807 sur les cantonnements du Bug :

1° Deux villages, Sierok et Modlin sont fermés d'une enceinte bastionnée et armés de 80 bouches à feu.

2° Une ligne continue est établie dans un endroit important.

3° On élève quatre têtes de pont pour déboucher sur l'ennemi et pour assurer les communications.

4° On établit un camp retranché à Praga, pour servir de place d'alarme générale et pour couvrir la ligne de retraite.

5° Enfin on crée à Sierok 10 fours, des magasins, des ambulances, des manutentions et tous les établissements nécessaires à une armée de 100,000 hommes.

Tels sont les travaux principaux que l'on exécute dans des cantonnements.

Je prends pour exemples de cantonnements ceux de l'armée française sur la Passarge en 1807, pendant la deuxième période de la campagne, et ceux de l'armée prussienne en 1815 autour de Namur.

En 1807, l'ensemble des cantonnements français s'appuyait à gauche à la Baltique et à droite à un pays boisé et marécageux d'où sortent toutes les rivières du pays. (Planche III.)

Il était couvert sur son front par la Passarge devant le centre et la gauche, et par l'Alle devant la droite.

L'ennemi pouvait arriver par les trois routes de Kœnigsberg, d'Eylau et d'Heilsberg.

Les lignes de retraite et d'approvisionnement de l'armée étaient les deux routes d'Elbing et de Thorn sur Berlin.

L'armée comprenait 5 corps. Le premier, sous le maréchal Bernadotte, formait l'aile gauche, et était cantonné entre les deux routes de Kœnigsberg et d'Eylau. Le quartier général était à Preusch-Holland.

Les magasins et les parcs à Elbing. Le quatrième corps, sous le maréchal Soult, formait le centre. Il était cantonné entre Spanden et Deppen. Le quartier général était à Mohrungen. Les parcs, ambulances et magasins à Liebenmühl. Le troisième corps, sous le maréchal Davoust, formait la droite. Il était cantonné de Deppen à Allenstein. Le quartier général à Hohenstein. Les parcs à Gilgenbourg.

Le sixième corps, sous le maréchal Ney, était placé en avant-garde à Guttstadt, entre les routes d'Eylau et d'Heilsberg.

La garde et la réserve étaient à Osterode. Osterode était le point de rassemblement général de l'armée. Les divers corps pouvaient s'y réunir en deux marches au plus, et un plateau situé dans les environs offrait une belle position d'armée.

Dans chaque corps la cavalerie légère était en avant et formait un rideau devant les cantonnements.

La grosse cavalerie était en arrière, de Thorn à Elbing, dans la vallée de la Vistule.

Les grands parcs de l'armée se trouvaient à Strasbourg.

Napoléon était établi au château de Finkenstein.

Tels étaient les cantonnements de 1807, dont la prise de possession avait été successive.

En 1815, l'armée prussienne comprenait quatre corps. Sa ligne d'opérations était de Namur par Liége sur Aix-la-Chapelle.

Le 1er corps était cantonné entre Charleroi et Namur, avec Sombref pour place d'alarme.

Le 2e corps, de Namur à Huy, avec Namur pour point de rassemblement.

Le 3e corps, sur la rive droite de la Meuse, dans

l'angle qu'elle forme avec la Sambre, avec Cirey pour place d'alarme.

Enfin le 4ᵉ corps, formant réserve, était autour de Liége.

II.

Des camps. — On cantonne quand on est à l'abri des attaques imprévues de l'ennemi, quand on en est à une certaine distance et que l'on peut s'étendre sans inconvénients.

On campe lorsque l'on veut rester rassemblé.

En 1807, lorsque l'hiver est passé, au moment où l'Empereur prévoit le retour des hostilités, il donne l'ordre de retirer des cantonnements les divisions de première ligne et de les faire camper sur des positions reconnues d'avance.

On appelle camps des surfaces de terrain où les troupes s'établissent soit sous des tentes, soit sous des baraques.

Avant 1789, les armées avaient toujours des tentes, même pour une nuit. Aujourd'hui l'on ne se sert de tentes de campement ou de baraques que lorsqu'on doit rester longtemps sur le même point.

Les grandes tentes sont trop lourdes, trop difficiles à transporter pour que l'on puisse s'en servir journellement.

Les principes généraux de l'établissement des camps sont les suivants :

Un camp doit toujours être à proximité de l'eau et du bois. Il doit remplir en outre les diverses conditions d'une position défensive relativement à ses abords, son front, ses flancs, son intérieur et ses derrières.

On peut camper par corps d'armée. Les divisions sont alors sur une ou plusieurs lignes. Quand elles sont sur la même ligne, elles sont séparées par des intervalles de 50 mètres, les brigades par des intervalles de 30 mètres, les régiments par des intervalles de 20 mètres, les bataillons par des intervalles de 16 mètres. Quand on campe sur deux lignes, on laisse généralement 300 mètres entre les deux lignes.

L'artillerie campe derrière l'infanterie.

La cavalerie campe sur les ailes ou en deuxième ligne.

Quand le terrain n'est pas horizontal, les distances et les intervalles dépendent de ses accidents.

Les troupes dans les camps sont établies dans des baraques et sous des tentes. Il y a de grandes baraques pour 20 et pour 16 hommes, et de petites baraques pour 8 hommes. Les tentes contiennent 15 fantassins ou 8 cavaliers.

On emploie généralement les baraques pour les camps qui doivent durer plusieurs années : exemples, les camps de Boulogne et d'Helfaut.

On emploie les grandes tentes pour les camps qui doivent durer plusieurs mois, comme pour le camp de Châlons.

Et enfin pour les camps de passage, pour ceux qui doivent durer un jour ou deux, et que l'on peut comparer aux bivouacs, on emploie les tentes-abris que l'on établit pour 4 ou pour 6 hommes.

Quel que soit le matériel employé, dans l'infanterie chaque compagnie a ordinairement deux files de baraques séparées par une grande rue, dont la largeur ne doit pas être moindre de cinq pas.

L'intervalle d'une compagnie à une autre forme une petite rue de deux pas de largeur.

Quand l'effectif d'un bataillon est trop faible pour donner aux rues de compagnies une largeur de cinq pas, alors chaque compagnie n'a plus qu'une file de baraques et les grandes rues s'établissent par division.

Le front de bandière du camp est toujours égal au front de bataille.

Dans la cavalerie, chaque escadron a deux files de tentes, une par division. La largeur des rues est en raison de la force des escadrons.

Il arrive fréquemment que l'infanterie est campée, tandis que la cavalerie et l'artillerie sont cantonnées dans les villages. On adopte cette disposition pour la conservation des chevaux.

Quoi qu'il en soit, les dispositions prescrites par le service en campagne pour nos camps actuels présentent les avantages suivants :

Les compagnies, dit Guibert, sont dans leur ordre habituel. Les soldats se trouvent entre leurs faisceaux et leurs cuisines : en cas d'alarme, le bataillon peut en un moment se trouver en formation de défense.

Les officiers sont à portée de leurs troupes, chaque grade dans son alignement séparé ; chaque officier, avec le terrain qu'il lui faut précisément, de manière que dans aucune partie du camp il n'y a ni embarras ni confusion.

Le camp se trouve de tous côtés bien aéré et percé par des rues qui font à la fois sa commodité et sa salubrité. Les unes servent aux compagnies pour se rassembler et pour tous les détails intérieurs de la discipline ; les autres pour tous les détails de commodité et pour l'écoulement des eaux. En avant de ce camp est un front de bandière suffisamment spacieux qui est la place d'armes du bataillon. Par ce front de bandière toutes les parties du camp peuvent se communiquer, tandis que les grands intervalles des bataillons servent en même temps de débouchés pour traverser le camp et pour la communication des lignes.

L'inconvénient de cette méthode de campement est d'exiger beaucoup de place. Il y en a une autre indiquée par le maréchal Marmont et dont on s'est servi dans la campagne d'Italie.

Elle consiste à placer les divisions sur une ou deux lignes de bataillons en colonnes, par division, avec des intervalles qui varient suivant le terrain.

Les colonnes peuvent être à demi-distance ou à distance entière. Chaque division établit ses tentes en arrière des faisceaux et ses cuisines dans les intervalles des bataillons. C'est également dans ces intervalles que campent les officiers et que se font les mouvements perpendiculaires au front de bandière.

Cette méthode, qui convient parfaitement avec les tentes-abris, présente l'avantage d'occuper peu de terrain et de demander peu de temps pour l'établissement des troupes. Elle est très-bonne pour les camps qui ne doivent pas avoir une longue durée.

Des bivouacs. — On bivouaque lorsque l'on veut rester rassemblé et que l'on n'a pas le temps d'établir des baraques, par exemple, la veille d'une bataille.

Les bivouacs s'établissent dans des lieux secs, bien abrités et présentant des ressources. On bivouaque dans l'ordre de bataille et d'après les principes des camps. On établit les feux d'infanterie en arrière des faisceaux et sur les emplacements qu'auraient dû occuper les baraques. On cherche à créer des abris autour des feux.

Dans la cavalerie, on rompt par pelotons au lieu de rompre par divisions. On met les fourrages à droite, les feux à gauche vers le front de bandière, à 20 ou 25 pas. On établit un feu par peloton.

L'artillerie bivouaque en deuxième ligne.

On se couvre par des avant-postes.

Les bivouacs étaient généralement pénibles, et ils ont été souvent meurtriers pendant nos guerres de la Révolution et de l'Empire.

Aujourd'hui, l'adoption de la tente-abri préserve les hommes d'une grande partie des inconvénients du bivouac.

III.

Nous avons terminé la deuxième partie du cours de première année.

Nous avons étudié d'abord l'organisation, les propriétés et les manœuvres des différentes armes.

Puis nous avons vu la manière dont on les combinait entre elles et nous sommes arrivés ainsi naturellement à l'organisation d'une armée active.

Nous avons examiné dans cette organisation comment on encadrait les diverses armes, au moyen des états-majors, comment on complétait leur action au moyen des corps hors ligne; comment on assurait leurs besoins au moyen des divers services administratifs, des approvisionnements et des équipages.

Enfin nous venons de terminer cette étude par l'examen des cantonnements dans lesquels on établit l'armée avant de la mettre en action.

Nous avons donc suivi l'organisation d'une armée active dans tous ses détails depuis le principe de sa création jusqu'à son établissement en cantonnements sur la frontière.

La connaissance des principes que nous venons d'étudier dans cette deuxième partie du Cours est indispensable à un officier d'état-major à plusieurs points de vue :

1° Un officier d'état-major peut être appelé à concourir à l'organisation d'une armée. Il faut donc qu'il en connaisse tous les détails;

2° Il peut encore faire partie d'un des états-majors d'une armée active. Devant alors aider le commandement et assurer le mouvement compliqué de la machine, il faut qu'il soit au courant de son mécanisme.

3° Enfin, il doit par son service spécial reconnaître le terrain sur lequel se passeront les opérations de la guerre. Il doit alors apprécier non-seulement la forme et l'étendue des accidents du sol, mais encore en apprécier la valeur militaire, c'est-à-dire leurs avantages et leurs inconvénients au point de vue de l'emploi des diverses armes. Il faut donc qu'il connaisse suffisamment les propriétés et les manœuvres de chacune d'elles.

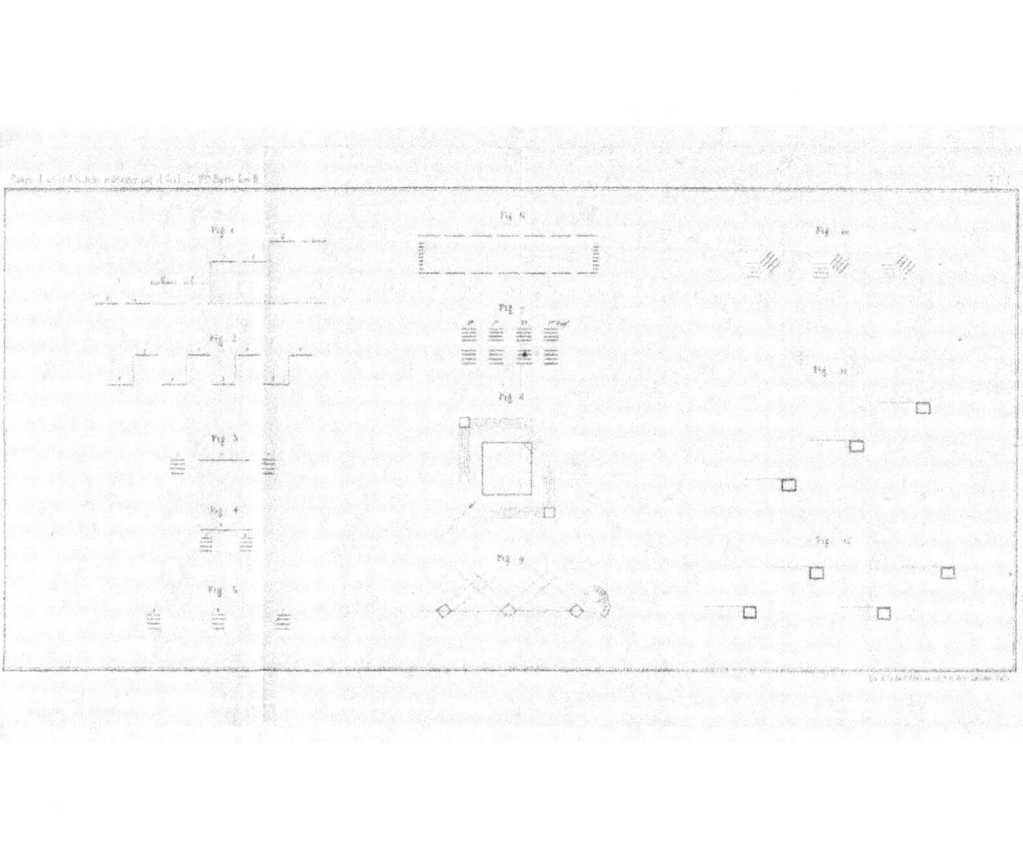

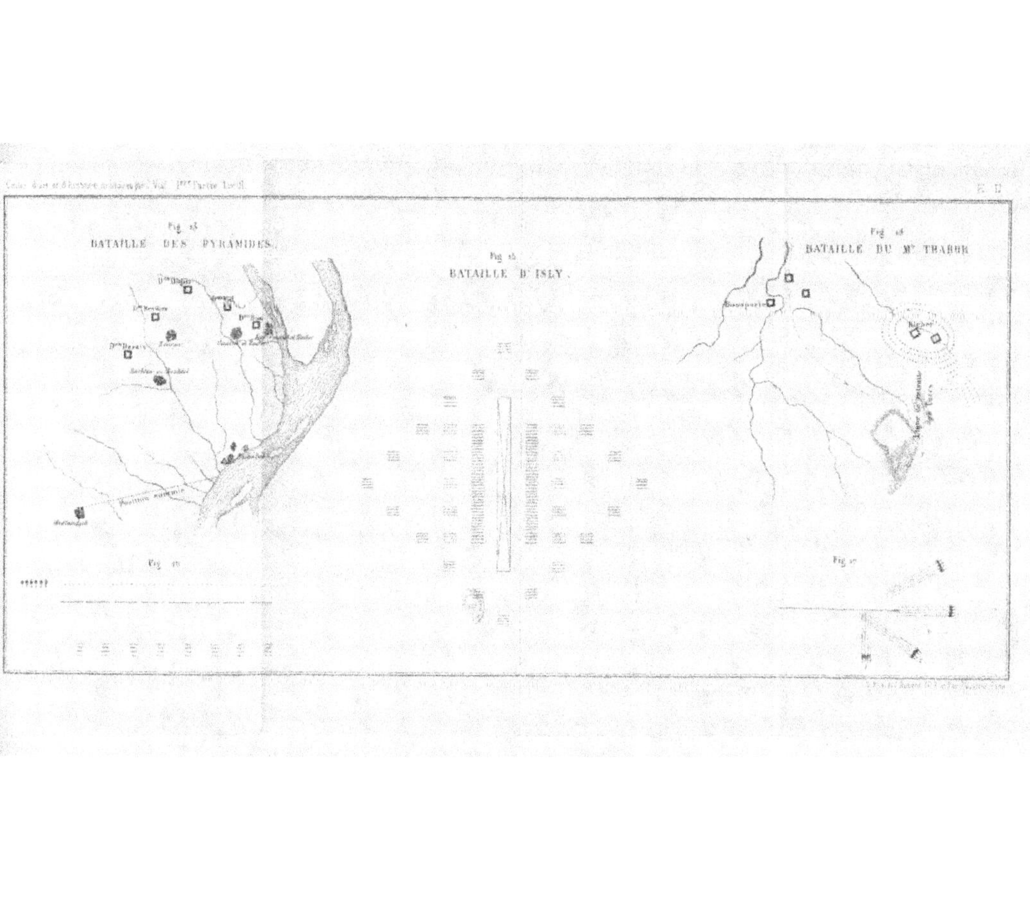

Cours d'art et d'histoire militaires par Vial. 1ère Partie, Livre II.
Pl. II.
Fig. 23.
BATAILLE DES PYRAMIDES.
BATAILLE D'ISLY.
Fig. 25.
Fig. 24.
BATAILLE DU Mt THABOR.
Fig. 26.
Fig. 27.

Cantonnements
DE LA GRANDE ARMÉE
sur la Passarge
Campagne de 1807.
3ᵉ PÉRIODE.
Échelle
MER BALTIQUE
DANTZIG